公司控制权顶层设计

田甜 于莉欣 著

中国友谊出版公司

图书在版编目（CIP）数据

公司控制权顶层设计 / 田甜，于莉欣著 . -- 北京：中国友谊出版公司，2025. 6. -- ISBN 978-7-5057-6096-7

Ⅰ. F276.6

中国国家版本馆 CIP 数据核字第 2025CR1542 号

书名	公司控制权顶层设计
作者	田 甜 于莉欣
出版	中国友谊出版公司
发行	中国友谊出版公司
经销	新华书店
印刷	水印书香（唐山）印刷有限公司
规格	670 毫米×950 毫米 16 开
	12 印张 122 千字
版次	2025 年 6 月第 1 版
印次	2025 年 6 月第 1 次印刷
书号	ISBN 978-7-5057-6096-7
定价	49.80 元
地址	北京市朝阳区西坝河南里 17 号楼
邮编	100028
电话	（010）64678009

目录

第 1 章

公司控制权
为什么重要

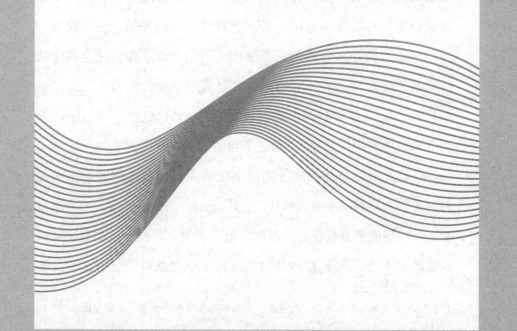

1.1 什么是公司控制权

→ 1.1.1 公司控制权的起源

公司控制权伴随公司的出现而产生。公司是一种现代企业组织形式，包括有限责任公司和股份有限公司。《公司的历史》[①]一书中指出，有限责任公司是当今世界最伟大的发明之一。成立于17世纪初的荷兰东印度公司是现代公司制度的起源。在之后的几百年间，公司创造了大量的财富。以美国苹果公司为例，2023年7月1日，美国苹果公司市值突破3万亿美元，放在世界各国国内生产总值排名中位居第7，超过了世界上90%的国家和地区。

公司之所以是伟大的发明，不仅因为具有创造财富的巨大能力，还因为具有以小博大的能力，即通过公司制度安排，产业财富能够为少量的所有权权益所控制。退一步讲，即便在不拥有所有权权益的情况下，股东和利益相关者也可以行使对产业财富的控制

---

① [英]约翰·米克勒斯维特、阿德里安·伍尔德里奇著，合肥：安徽人民出版社，2012年。

权。虽然董事会代表股东审议公司决策和监督经营管理者，但公司控制权并不掌握在董事会成员手中，而是掌握在能够挑选董事会成员的个人或者组织手中。董事会是公司控制权的角逐场，董事会席位是公司控制权争夺的结果之一。

《中华人民共和国公司法》（以下简称《公司法》）第三条规定，"公司是企业法人，有独立的法人财产，享有法人财产权。公司以其全部财产对公司的债务承担责任"。我们可以这样理解：有限责任、投资权益的自由转让和法人地位是公司的三大特征。这里需要明确法人财产权与股东权益的关系。从法律的角度看，法人是相对于自然人而言的民事主体，公司是法人主体，股东是自然人主体或其他法人主体。自将资产投入公司的那一刻起，股东就丧失了对资产的所有权，或者说股东将其对出资财产的所有权让渡给了公司法人，股东也由此享有了股东权益。公司的成立确立了公司法人财产权，客观上导致了公司法人财产权与股东权益分离。公司股东与公司法人是分离的，是不同的民事主体。因此，公司法人财产权与股东权益也是分离的，由公司股东组成的董事会作为桥梁把本已在法律意义上分离的公司法人与公司股东联系在一起。能够控制董事会的个人或组织掌握着公司控制权。

➡ 1.1.2　公司控制权的含义

美国学者伯利和米恩斯在《现代公司与私有财产》一书中，首次对公司控制权做出定义：公司控制权掌握在那些拥有挑选董事会成员实权的个人或集团手中。他们要么运用法律权利来选举董事，要么对董事施加压力以影响其抉择。控制权既有别于所有权，又不同于经营权，它是公司制度的特殊产物。控制权形态可以分为5种（如图1-1所示）：①通过近乎全部所有权实施的控制；②多数所有权控制；③不具备多数所有权，但通过合法手段而实施的控制；④少数所有权控制；⑤经营者控制。

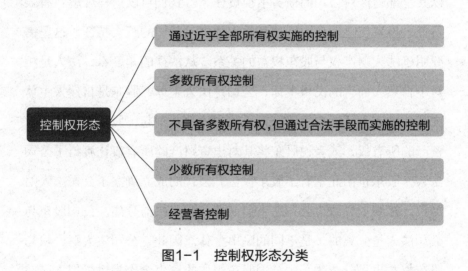

图1-1　控制权形态分类

美国经济学家德姆塞茨进一步将企业控制权定义为一组排他性使用和处置企业稀缺资源（包括财务资源和人力资源）的权利束。

我们从上述学者对控制权的定义可以看出，控制权需要通过法定的形式实现，具有排他性，能够支配公司的稀缺资源，即控制和支配公司的法人财产。

公司控制权的含义可能与我们固有的想法不同，公司控制权的"台前"代理人实际上是"幕后"控制人的执行者，这为公司控制权蒙上了一层神秘的面纱，公司控制权形态的多样性更为其增添了魅力，吸引我们去一探究竟。

1.2 与公司控制权有关的其他概念

➡ 1.2.1 公司控制权与所有权

公司控制权不同于所有权，所有权是所有人依法对自己的财产所享有的占有、使用、收益和处分的权利。对于公司而言，所有权被划分为股权，每一份股权享有相同的权利。这些权利既包括财产权，也包括其他权利，如参加股东大会权、投票表决权、参与公司重大决策权、收取股息权、分享红利权等，如图1-2所示。当公司的经营者持有公司绝大多数股权时，控制权与所有权没有分离；而当公司的所有权即股权非常分散，实际控制权依靠少数股权可维持或大多数所有权持有人不具备控制权时，控制权便与所有权分离了。

公司控制权与所有权是何时开始分离的，又为什么要分离呢？这两个问题的答案要追溯到18世纪。欧洲工业革命后，工业时代来临，工业发展需要巨额资金，虽然在此之前已经出现了可以发行和交易股票的特许公司，如1602年成立的荷兰东印度公司，但特许公

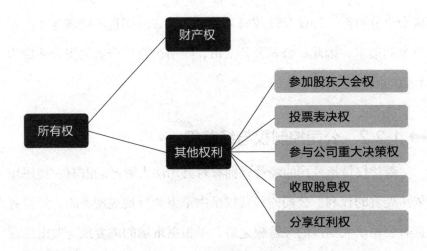

图1-2　所有权包含内容

司具有政府垄断性质，且股东数量非常少，资金来源有限。因此，随着欧洲各国和美国对公司管制的相继放宽，以及工业发展对资金需求的不断扩张，能够吸纳广泛公众投资者的公开上市公司应运而生。1773年和1792年，英国伦敦证券交易所和美国纽约证券交易所分别成立，标志着公开上市公司开始成为资本市场的主要成员。美国南北战争结束后，上市公司股东人数呈几何级数增长，上市公司所有权日益分散，公司股东不再具有对公司的控制权，而是由通过所有权份额选举产生的董事会代表全体股东行使控制权，这直接导致公司控制权与所有权分离。

通过上述内容我们可以看出，控制权与所有权分离有其必然性。人类社会发展到工业时代是技术进步的结果，而工业时代生产力的快速发展必然要求资金迅速扩张，由于单个组织或个人提供的资金十分有限，即便是以政府为主导的特许公司也不能满足生产对资金的需求，因此，公司公开上市，吸引公众投资者的资金便成为有效的解决方案。

→ 1.2.2 公司控制权与经营权

经营权是指公司的经营者拥有对公司法人财产的占有、使用和依法处置的权利。公司的经营权是由董事会行使或授予的，经营者拥有公司法人财产的经营权之后，可根据市场的需要独立做出经营决策，自主开展生产经营活动，及时适应市场变化。虽然经营权不包括收益权，即经营者只能获得薪酬而没有投资收益，但经营权包括将公司盈余以股息的形式在股东之间进行分配的权利，即分配权。

公司控制权与经营权早在特许公司时代就已经分离了。在特许公司时代，由股东推举的董事代表全体投资者负责公司的日常经营，股东保留了审批和监督权，即决策控制权，股东同时拥有所有权和控制权。但由于当时交通和通信不发达，董事会决策控制权的适时性受到很大限制，代理人被授予很大的自由裁量权，导致公司控制权与经营权实质性分离。

虽然现代社会交通和通信已经非常发达，但股东与经营者之间的信息不对称仍然存在。由于股东数量众多，大部分股东只能通过经营者的信息披露来了解公司的财务状况和经营成果。董事会对公司的经营和投资拥有决策和审批权，对经营者实施监督，但由于监督成本高，监督能力有限，因而实际上扩大了经营者的经营权。

➡ 1.2.3　公司控制权与现金流权

现金流权是指按持股比例拥有公司的财产分红权。现金流是对股东让渡资金使用权的现金回报，对股东具有较强的吸引力。现金流权是由每一控制链条的持股比例的乘积所得。

在单层控制链条情况下，假设股东A拥有X公司70%的股权，则表明股东A对X公司的现金流权拥有70%的权利，控制权与现金流权是一致的，如图1-3所示。

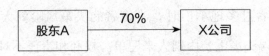

图1-3　单层控制链条示意图

在多层控制链条情况下，假设股东A拥有X公司 50%的股权，X公司拥有Y公司40%的股权，Y公司拥有Z公司 60%的股权，那么股东A拥有Z公司的现金流权为12%（50%×40%×60%）。很显然，控制权与现金流权是不一致的，如图1-4所示。

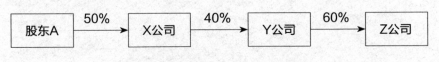

图1-4　多层控制链条示意图

现代公司的控制权多为多层控制链条这类复杂的情况，现金流权往往小于控制权，即公司控制权与现金流权相分离。这种分离导致控制权持有人即控股股东受到的现金流权约束较小，有可能发生高负债、过度投资和过度扩张等侵害中小股东现金流权的行为。公司控制权链条越长，层级越多，设计结构越复杂，越容易出现控制权与现金流权分离，公司的价值就越低。

为什么公司价值会随着控制权与现金流权的分离而降低呢？控制权决定公司由谁做决策，现金流权决定公司赚的钱归谁，如果这两权分离程度过高，决策的人能分享到的利润过少，他的决策就可能不以赚钱为目的了。或者反过来说，当决策失误造成的损失不需要由决策者过多地承担时，决策者的决策风险就大大降低了，他所做的错误决策主要由别人来埋单。权利和责任不对等的公司，其价值必然下降。从这个角度来看，多链条、多层级的公司控制权设计是一把双刃剑，在控制权取得代价减少的同时也降低了公司的价值。

1.3　公司控制权背后的利益角逐

➡ 1.3.1　多数所有权控制

多数所有权控制是指公司发行在外的全部股票，除多数股权所有者持有的以外，剩余的股票被高度分散，控制权集中在持有多数股权的所有者手中。对他们而言，所有权与控制权有效地结合在一起，并且获得超出其所有权以外的几乎全部的控制权。

拥有公司控制权，就能够控制和支配公司的法人财产，公司控制权持有者就可以获得丰厚的回报，因此，在多数所有权控制的情况下，股权分散导致的控制权分散使得各方对公司控制权的争夺尤为激烈，并备受关注。

多数所有权控制引发的公司控制权争夺屡见不鲜。苹果公司的创始人兼CEO乔布斯在丧失公司控制权后曾一度离开苹果公司；俏江南创始人张兰因为资本运作失败而丧失公司控制权，最终将俏江南拱手让人；万科与宝能系的公司控制权之争虽然有惊无险，却为其他公司在控制权设计安排上敲响了警钟。

所有的公司控制权争夺背后都是利益的角逐。前文提到，公司控制权的实现形式是多样的，除了独资公司不存在所有权与控制权分离，其他形式的公司控制权安排都涉及所有权与控制权分离。在多数所有权控制形式中，相关人员要想拥有公司控制权，就需要拥有公司半数以上发行在外的股票，而为获取多数所有权所需的投资额巨大，尤其对于大公司而言，其发行在外的股票数量巨大，所以，想取得这种控制权需要付出极高的代价。

公司步入快速发展轨道后，对资金的需求量是呈几何级数增长的，引入更多的股东是解决资金缺口的有效方法，但往往控制权也会随之分散，所以创始人失去控制权的事件大多发生在这一时期。创始人如果想保持控制权不旁落，就只能通过控制权设计的方式来实现。

➡ 1.3.2 层级控制

为了尽量减少为拥有公司控制权而付出巨额资金，人们开始通过基于法律的设计安排来拥有公司控制权。公司通过设计金字塔持股结构可以实现对控制权的层级控制，从而拥有以法律形式为基础的公司控制权。

层级控制权为金字塔持股结构，指通过多重控股公司的方式，使金字塔最上端公司的控制者只用很少的持股比例便可拥有对金字塔下层公司的控制权。在层级足够多、设计足够巧妙的金字塔持股结构中，拥有金字塔顶端公司多数股票的所有者即使股份权益达不到金字塔结构中公司全部财产的1%，也能对金字塔结构中的公司拥有近乎全部的控制权。

在双重股权结构中，由于不同股票被赋予了不同的权利，少数股票有投票权而多数股票没有投票权，这样，只要拥有半数以上具备投票权的股票，就可以拥有公司的控制权。例如，京东集团股份有限公司（以下简称京东）实行AB股形式上市，A类股股票虽然发行量远大于B类股股票，但B类股股票拥有A类股股票20倍的投票权，而且B类股股票全部掌握在京东创始人刘强东及其团队手中。

公司的创始人想实现层级控制是有前提的，即各层级上的公司的其他股东必须配合其公司控制权设计方案，缔结层级控制权契约。配合的前提是信任，金字塔顶端的最终控制者一定要通过有效的沟通和辉煌的经营业绩，让其他股东看到其对公司战略走向的有效把控、对公司经营策略的合理安排、对公司资产的高效使用，以及在公司中无可替代的领袖地位。

➡ 1.3.3　少数所有权控制和经营者控制

非法律设计安排并不是违反法律的设计安排，而是某些主体通过一定比例的所有权参与公司经营，或者因对公司行为产生重大影响的外部环境变化而获得战略地位，进而对公司控制权拥有实质性权利，即在法律规定的具体条款外对公司拥有实际控制权。非法律设计实际控制权通常发生在股权非常分散的大公司中，分为少数所有权控制和经营者控制。

少数所有权控制的关键在于吸引分散于中小股东手中的代理投票权，与实际控制权持有人手中的少数所有权相结合，形成所有权优势，从而掌握公司实际控制权。

经营者控制是由于公司股权过于分散，没有哪个股东持有的股权数量足以对经营者形成监督压力，导致经营者实际掌握公司控制权。例如，在2015年"宝万之争"爆发前，万科大股东华润集团对万科采取"放养"的姿态，对万科的管理层给予充分的信任和经营自主权，使得万科的实际控制权由其管理层所拥有，形成了经营者控制。大股东对管理层的充分信任一方面提高了万科的经营效率，这从万科历年来高水平的经营绩效和品牌影响力便可窥见一斑；而另一方面，这也为万科埋下了控制权隐患，万科管理层为了维持在控制权上的优势，长期放弃对公司的市值管理，股价低迷，股权持续分散，给了宝能系这样的恶意收购者以可乘之机。

通过以上分析我们可以清楚地看到，无论是由法律、契约赋予的控制权，还是由社会因素、管理结构决定的控制权，都能够为公司控制权持有人带来巨大利益，利益的存在必然引发对公司控制权的争夺。公司控制权争夺是资本市场不变的话题，公司创始人、机构投资者、管理层、战略投资者在公司控制权争夺中各显身手。

第 2 章

哪些人要懂
公司控制权设计

公司控制权是公司存续的基础，是公司发展的基石，也是关乎各利益相关者切身利益的制度设计，更是公司治理体系的设计依据。可以说，没有有效的公司控制权设计，影响将非常广泛，大到产权市场因微观主体产权不明而交易受阻，资本市场因投资风险过高而发展乏力，小到企业投资人的创业热情无法施展，最终导致国民经济发展缺乏动力与活力。

公司控制权既然如此重要，究竟哪些人应该掌握甚至精通公司控制权及设计呢？本章的内容将为你揭开谜底。

2.1 公司创始人

毋庸置疑，公司创始人是公司最初的利益相关者，创始人用自己的商业创意、创新技术、经营管理才干意欲在市场中创造或适应需求，创造价值，以实现自己的商业梦想。创始人对待公司就像对待自己的孩子一样，对公司寄予热切的期望。

随着公司的发展壮大，创始人便会考虑IPO，欲借助资本的力量起飞。面对成长与发展的迫切需要，以及IPO后的巨大财富诱惑，创始人不得不考虑将公司的一部分股权出让给投资人以吸引资本，此时正是公司控制权设计的关键节点。投资人带着资本寻找商机，逐利是其根本需求，创始人必须根据投资人的需求和期待对公司的发展战略、管理团队、商业模式、技术能力、财务状况等进行系统的构建，讲一个令投资人心动的"财富故事"。

如果"财富故事"成功地为投资人所相信和接纳，投资行动随即展开，投资人可能给出高于公司评估价值3—6倍甚至更高的溢价投资。这时，创始人万万不要沉浸在因资本注入而带来的公司未来发展期望和财富梦想中，而是应该清醒、谨慎地考虑公司控制权设计方案，因为投资人对投资风险控制、公司控制权设计了如指掌，他们可能会想以少量投资取得股权并要求公司提供与其持股比例并不相称的董事会席位和公司控制权。公司创始人如果不加以防范，至少可能会面临两种风险：第一，控制权被剥夺的出局风险；第二，"财富故事"破灭导致的债务风险。

投资人和被投资公司可能因为公司估值问题不能达成一致，或是双方为了约束对方的行为签订对赌协议。如果对赌协议设置不当，例如签订了单向对赌协议，便有可能将被投资公司置于业绩损失赔偿的困境中，这种情况常发生在不可预知的外部环境突然发生变化时。一方面，被投资公司在财务困境的泥沼中挣扎；另一方面，投资人为了及时止损而将手中持有的被投资公司的股权转让出去，被投资公司的创始人可能因为要偿还业绩损失形成的债务而出售股权，也可能因为签订了诸如领售权条款（风险投资者强制公司原有的股东和自己一起向第三方转让股份）或清算优先权条款（私募股权投资者在公司清算时有权优先收回投资）而不得不出让股权，最终丧失公司控制权。

可见，公司创始人必须有牢牢掌握公司控制权的意识及对公司控制权的设计能力。创始人拥有公司控制权，既是一种自我保护机制，也是对公司发展的保护。创始人更了解公司的战略意图和发展方向，如果创始人丧失了公司控制权，被迫出局，公司可能会变成资本运作的工具，这显然不利于公司的长远发展，也不利于国民经济的健康运行。

2.2 管理者

　　可能有些人会疑惑：在现代公司中，管理者既然不掌握公司控制权，为什么还要关注公司控制权呢？实际上，即使管理者不掌握公司控制权，控制权也会对其产生重要影响。

　　公司控制权市场是建立在资本市场有效运作的基础上的，也是经理人市场的一部分，管理者在此竞争公司资源的控制权。发达、完善的公司控制权市场为公司控制权交易提供了便利的环境和条件。对管理者来说，公司控制权一旦发生变化，公司被其他股东接管，就可能意味着自己原本能够控制的资源发生变化，甚至自己可能失去现有的职位。

　　理解上述问题的第二个角度是，如果公司控制权的重要性能够被管理者关注，说明公司控制权能够约束管理者，迫使管理者与现有股东在利益方面保持一致，从而缓解公司的代理问题。双方共同追求公司价值的最大化，这在一定程度上有利于实现公司的治理目标，保证公司经营业绩稳定和增长。业绩稳定的管理者不易被替换。而在同一家公司经营的时间越长，管理者越容易获取资源控制权，职位也越稳固，管理者通过控制权约束变相地保护了自己的资源控制权和职位。

但是，优质公司的控制权经常面临被收购的挑战，例如面对宝能系收购万科这类事件。管理者也可以利用"毒丸计划"稀释股权，使公司门口的"野蛮人"收购计划落空。"毒丸计划"是指股权摊薄反收购措施，如图2-1所示。当遭遇市场恶意收购时，公司通过低价发行新股来稀释恶意收购方的股权比例，提高恶意收购方的股权收购成本，破坏其恶意收购计划。可见，"毒丸计划"的本质是对公司控制权的设计。

所以，管理者密切关注公司的控制权就是理所当然的了。

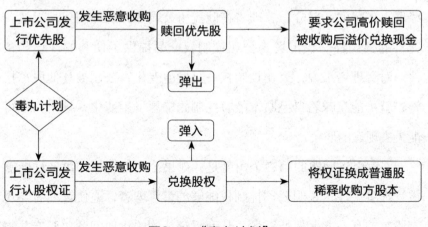

图2-1 "毒丸计划"

2.3　投资人

　　前面已经阐述过，创始人创立公司后，由于公司发展和上市的需要，对外部资金存在巨大的需求，这时，外部投资人便粉墨登场了。

　　外部投资人一般指机构投资者，其拥有大量资金和专业的投资技术，在公司发展中扮演着重要的角色。外部投资人在投资时最关注的就是收益和风险，如果其投资对象是初创型公司，这些公司往往只拥有少量或根本没有借款抵押物，很难从银行取得借款，外部投资人便成为这些公司最重要甚至唯一的资金来源。显然，公司控制权是此时最有价值的用于融资的抵押物，投资人总想尽可能地将公司控制权握在手中。对外部投资人来说，如果其投资对象为发展势头良好、准备公开上市的成长型公司，外部投资人则往往要求公司现有股东与其签订业绩对赌协议，以保证其投入的资金安全。因此，无论投资对象处于公司成长的哪个阶段，公司控制权都是对投资人利益的有效保障。

投资人的风险补偿诉求有利于保障其自身利益，但也会触发公司控制权之争。投资人和创始人一样，同样会密切关注公司控制权的设计方案。

在很多案例中，投资人扮演了"背信弃义"的角色，原因主要有两点。其一，投资人基于娴熟的资本运作技能在投资条款中设置了"陷阱"，即虽然合同是投资人和被投资公司基于自愿共同签订的，但实际上双方对部分条款的理解是不完全一致的，如关于公司估值时间点的理解。其二，投资人的投资目标是短期获利，并非长期持有，因而必然在投资条款中设置退出条款，如果双方合作顺利，退出时会产生双赢局面，如蒙牛与摩根士丹利的资本运作合作。一旦双方合作进展不顺利，投资人的退出条款必然伤害被投资公司的利益，如俏江南与CVC不欢而散，甚至对簿公堂。无论是哪种原因，投资人都收割了被投资公司的利益，甚至成为压死骆驼的最后一根稻草。

投资人对被投资公司的投资意图亦可体现在其持股比例上，如图2-2所示。例如，2006年，雷士照明的创始人吴长江为融资引进亚盛投资，亚盛投资持有雷士照明30%的股权，吴长江以70%的股权拥有雷士照明的绝对控制权。《中华人民共和国证券法》（以下简称《证券法》）和《上市公司收购管理办法》均规定：通过证券交易所的证券交易，收购人持有一个上市公司的股份达到该公司已发行股份的30%时，继续增持股份的，应当采取要约方式（收购人通过向目标公司的股东发出购买其所持该公司股份的书面意见）进行，发出全面要约或者部分要约。亚盛投资持股比例未超过30%，很明显释放了作为投资人不会进一步开展要约收购的信号。同年，软银赛富以35.71%的持股比例投资雷士照明（吴长江持股41.8%），这一持股比例不仅达到了上市公司要约收购线，甚至超过了34%的持股安全线，在董事会占有3席，对雷士照明拥有了重大事项一票否决权，软银赛富作为战略投资者的意图非常明确。

　　事实证明，35.71%的持股比例确实为软银赛富日后取得雷士照明的控制权埋下了伏笔。2008年，随着吴长江在雷士照明的股权进一步被稀释，软银赛富以30.73%的持股比例超过吴长江29.33%的持股比例，成为雷士照明的第一大股东，成功取得雷士照明的公司控制权。

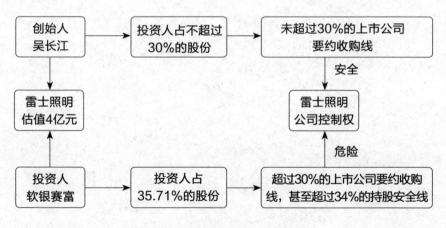

图2-2　投资人的投资示意图

　　无论投资人扮演什么样的角色，提出怎样的利益保障和风险控制诉求，我们都不能否认：投资人必须懂得公司控制权设计。甚至可以说，精通公司控制权设计是投资人追逐利益、控制风险的利器。

2.4 公众股东

了解资本市场的人都知道，经常与公众股东同时出现的词语是"搭便车"（大股东对公司经营者进行了监督，承担了所有的监督成本，而经营改善的收益增量却由包括公众股东在内的所有股东按其股份份额进行分享）和"用脚投票"（公众股东通过卖出其所持有的公司股票来表达对公司的不满或失望），那么为什么公众股东还要关注公司控制权呢？那是因为与大股东同时出现的词语是"大股东掏空"和"隧道挖掘"（均指公司控股股东将公司资产和利润转移到自己手中的各种合法或非法行为，导致中小股东利益受到侵犯）。

公众股东通常被称为中小股东、散户，意思不言而喻，就是在公司决策中没有话语权的股东。与公众股东相对的是有话语权的群体——大股东（或控股股东、终极控股股东）。虽然都是股东，但很显然，公众股东与大股东的地位和作用大相径庭，区别体现在方方面面，比如对公司战略决策的话语权、对利益分配的决定权、对管理者聘用与否的任免权等。而公司控制权也不可避免地成为大股东追逐的目标。

读到这里，也许有的读者还不理解，公众股东本来就知道自己的权利不如大股东的权利多，这有什么值得特别在意的呢？问题的关键就在这里：大股东不仅权利多，其权利价值转换的过程无不伴随着对公众股东利益的掠夺，属于公众股东的利益很可能稍纵即逝。这难道不足以引起公众股东对公司控制权的重视吗？

公众股东必须关注公司控制权的设计，了解大股东掠夺利益的手段。无论是金字塔型的股权结构，还是交叉持股型的股权结构，抑或是AB股形式的双重股权结构，公司控制权设计越复杂，控制权链条越长，大股东的控制权和现金流权的分离程度就越高。这意味着大股东可以用非常小的持股比例实现对公司的控制，却不需要对公司的绩效和价值负责，承担的经营风险很小，尤其是通过买壳上市的家族企业。

中国的家族企业控制权和现金流权分离程度在东亚来说是最高的（见表2-1），而且由于我国资本市场发育不完善，投资者保护条款不完备，公众股东的利益被掠夺的程度和风险很高。当家族企业不是通过IPO上市而是通过买壳实现上市融资时，控股股东对壳资源更多的是套现的热情，而不是创业的感情，公众股东的利益被掠夺就在所难免了。

对于公众股东来说，如何从公司控制权角度识别大股东的利益掠夺呢？

首先，持股比例影响大股东对待公司绩效的态度。有研究表明，大股东持股比例与公司价值的关系呈四阶段波动，即当大股东持股比例低于5%时，两者正相关；当大股东持股比例在5%~25%时，两者负相关；当大股东持股比例在25%~87%时，两者再次正相关；而当大股东持股比例高于87%时，两者再次负相关。虽然临界持股比例不尽相同，但这样的结论在西班牙、中国香港和A股民营上市公司中都成立。所以，大股东持股比例是一个重要的信号。

表2-1 家族上市公司现金流权与控制权分离程度的比较

国家或地区	现金流权与控制权分离率	国家或地区	现金流权与控制权分离率
中国香港	82.6%	印度尼西亚	68.7%
日本	98.4%	韩国	83.3%
马来西亚	78.5%	菲律宾	81.9%
新加坡	72.9%	中国台湾	75.7%
泰国	92.0%	中国	62.1%

数据来源：谷祺，邓德强，路倩.现金流权与控制权分离下的公司价值——基于我国家族上市公司的实证研究[J].会计研究，2006(04)：30-36+94.

注：现金流权与控制权分离率越接近1，分离程度越低。

其次，公司控制权的实现方式决定着大股东的风险收益权衡。常见的公司控制权实现方式主要有大股东直接持有股份，金字塔式控股和交叉持股、控股。显然，金字塔式控股和交叉持股、控股的方式导致公司控制权和现金流权分离，进而改变了大股东的风险收益权衡，有些精心设计的交叉持股方式甚至可以通过零投资拥有对公司的控制权，这对公众股东而言无疑是风险的转嫁和利益的掠夺。

再次，大股东对公众股东的利益掠夺可能"笑里藏刀"。AB股形式的双重股权结构是公司创始人保护自己的公司控制权的有效手段，也是中概股寻求海外上市时的控制权设计标配。创始人持有的股份比例虽低，却都是一股10票甚至20票的高投票权股份。这些投票权很可能是从公众股东手中换取的，而公众股东之所以同意将自己手中带有投票权的股票换成无投票权的股票，是因为被许诺了较高的股利收益。而这些股利收益原本就是属于所有股东的，真的是"羊毛出在羊身上"，却由此成全了大股东的双重股权。

最后，大股东承担的风险越低，越有可能利用公司现金扩张公司规模。前面提到过的公司控制权和现金流权分离还有一个后果——大股东盲目扩张公司规模。公司规模扩张的受益者一定是大股东和高管，他们的可控制资源、声望与薪酬水平都会随着公司规模的扩张而水涨船高。公司规模扩张很可能只是一种表面繁荣，公司内部则可能由于公司规模过大，导致管理效率低下，业绩下滑，最终损失的还是公众股东的利益。

由此可见，公众股东如果不关注公司控制权设计而直接投资，不是盲目跟风又是什么呢？

2.5 债权人

债权人不同于投资人，债权人与公司的契约主要针对固定的未来现金流收益的索取权。正是这样的固定的未来现金流收益索取权，使得债权人也有可能在被蒙在鼓里的情况下参与公司的控制权设计。

对于大股东而言，负债融资具有控制权非稀释效应。通俗地讲，就是公司采用负债的方式融资，不会改变大股东的控制权。从控制权的角度看，负债融资这种方式对于大股东保护公司控制权非常友好，但负债融资也存在破产清算的风险。对大股东而言，公司控制权固然重要，但公司一旦破产清算，公司控制权随即荡然无存。因此，大股东对公司的资产负债率是非常敏感的。

虽然债务契约不会因为公司控制权变更而消失，但属于某些大股东的控制权确实会因为债务违约而丧失。因此，债权人及债务契约一定是设计公司控制权时要考虑的因素。

债权人虽然没有权利参与公司控制权设计，但是在进行借贷决策时有必要考虑债务人公司的控制权结构。如果债务人公司采取单层股权结构或交叉持股股权结构，债权人应当谨慎做出借贷决策。这是因为在单层股权结构中，大股东的控制权和现金流权是高度一致的，没有资金杠杆效应，股权融资的稀释效应非常显著，大股东倾向于采用债务融资筹措资金，偿债压力比较大，债务风险比较高。而采取交叉持股股权结构的公司可以给控制权加数十倍的杠杆，大股东出资很少甚至不出资，此时债权人的利益极度缺乏保障。

上文从不同的利益相关者角度分析了关注公司控制权的重要性。因为各方利益之间本身存在矛盾性，所以无法实现完全共赢。以损害其他方利益来实现自身利益的公司控制权设计是不可取的，一是因为有损创始人和投资人的声誉，二是因为不利于资本市场和控制权市场的发展和完善。更好的方式应该是各利益相关方在信息对称的前提下，完成利益的权衡分配与动态调整。

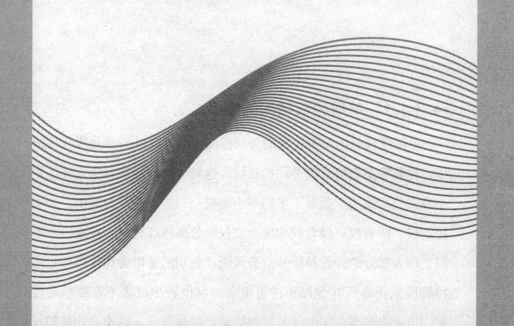

第3章

几种典型的公司
控制权设计方案

自公司这一企业组织形式出现400多年以来，公司控制权已经发展为几类较为成熟的形式，本章将介绍四种典型的公司控制权设计方案。

3.1 单层股权结构

→ 3.1.1 单层股权结构的特点

单层股权结构是最传统的公司控制权结构，其特点是股权层级少，控股股东直接掌握公司控制权。这种公司控制权结构主要适用于独资公司或股东数量不多的中小规模公司。在这些公司中，公司控制权、所有权、经营权和现金流权的分离程度较低，控股股东承担公司大部分的经营风险和财务风险，公司的董事会和管理层也由控股股东任命，其他股东在董事会的席位较少或者不在董事会任职，也较少参与公司的经营管理活动。总体而言，这类公司控制权结构呈现独大的特点，一般来说决策效率较高，但也可能存在一言堂现象等导致决策失误的问题。

➡ 3.1.2　单层股权结构示例

1.独资持股

独资持股公司只有一个股东，该股东持有公司100%的股权，自然也拥有100%的公司控制权。这种股权结构常见于国有企业。例如，华润微电子股份有限公司2019年年报显示，其股份由华润集团（微电子）有限公司100%持有，而终极控股股东是国务院国有资产监督管理委员会，如图3-1所示。相同情况的还有中国铁道建筑总公司，其在2007年就由国务院国有资产监督管理委员会独资控股。

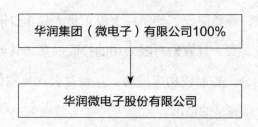

图3-1　华润微电子股份有限公司2019年控制权关系图

数据来源：华润微电子股份有限公司2019年年度报告。

之所以强调控制权关系的年份，是因为公司的持股情况是动态变化的。例如，华润微电子股份有限公司在2022年变为由包括华润集团（微电子）有限公司在内的多个企业法人和自然人持股，华润集团（微电子）有限公司的持股比例下降至66.58%，但仍占有董事会超半数席位，掌握公司控制权。

2.合资持股

单层股权结构更常见的情况是合资持股，就是由多位股东出资持有公司股份。在这种情况下，公司控制权由持有50%以上股份的股东持有，也可以按照公司章程，由持股比例虽未达50%但持股比例最高的股东单独持有或联合拥有。

贵人鸟股份有限公司2004年成立于福建省晋江市，2014年在上海证券交易所挂牌上市，被誉为"A股体育品牌第一股"。贵人鸟股份有限公司2013年的公司控制权结构为单层股权结构。由图3-2可知，贵人鸟（香港）有限公司直接持有贵人鸟股份有限公司92.26%的股权，该持股比例使第一大股东贵人鸟（香港）有限公司无可争议地成为贵人鸟股份有限公司的控股股东，其他股东无法对第一大股东的公司控制权构成威胁。这便是公司控制权由持有50%以上股份的股东独享的情况。

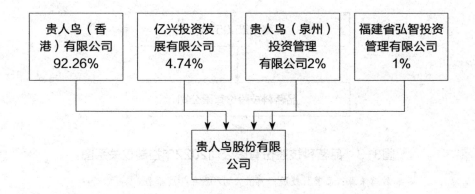

图3-2　贵人鸟股份有限公司2013年控制权关系图

数据来源：贵人鸟股份有限公司2013年年度报告。

　　一股独大的控制权持有情况比较容易理解，因为第一大股东持有的股份份额超过了50%，其控制权是显而易见的。但是，控股股东或实际控制人掌握公司控制权并不必然要掌握50%以上的股权，有些情况下，即便持有股份份额未达到50%，仍可实现对公司的控制。

　　一种情况是公司第一大股东持股比例虽未达到50%，但按照公司章程的规定仍然享有公司的控制权。品茗科技股份有限公司是一家从事软件和信息技术服务的上市公司，其实际控制人莫绪军2022年持有公司25.0573%的股权，并未达到50%的持股比例，也不与其他股东联合持有公司控制权，如图3-3所示。

图3-3　品茗科技股份有限公司2022年控制权关系图

数据来源：品茗科技股份有限公司2022年年度报告。

还有一种情况是公司控制权由一些股东作为一致行动人联合持有。深圳新宙邦科技股份有限公司是在深圳证券交易所上市的创业板公司，主营电子化学品和功能材料。该公司由覃九三等6位自然人作为实际控制人（如图3-4所示），6人签署的一致行动协议书中承诺："自本协议签署后，各方在股份公司重大事务决策（包括但不限于在股东大会行使表决权、提案权、提名权等；担任董事的个人在董事会行使表决权、提案权、提名权等）时保持一致行动。"

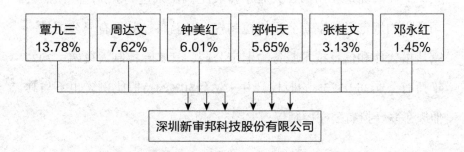

图3-4　深圳新宙邦科技股份有限公司2022年控制权关系图

数据来源：深圳新宙邦科技股份有限公司2022年年度报告。

很显然，上述两种情况下，控股股东或实际控制人持有公司的股份份额并未达到50%，却以公司章程或一致行动人联合持有等方式实现了对公司控制权的掌握。这两种方式显然比一股独大的控制方式更能为实际控制人节约资金，更加受投资者青睐，公司控制权设计方式也更加灵活多样，非常适用于公司创始人对公司控制权的设计。它既可以吸引广泛的外部投资者为公司提供资金支持，也不影响创始人对公司控制权的掌握。

以上所述单层股权结构的各类情况在现实公司中都是存在的，单层股权结构设计简单，控制权权属清晰。其缺点是当公司经营不善或外部经济环境发生不利变化时，实际控制人承担的财务风险较大，没有缓冲余地。尤其是当资本市场出现恶意收购者时，实际控制人的控制权极易受到威胁。例如，在"宝万之争"中，宝能系在资本市场中频繁举牌收购万科股票并成为万科第一大股东后，便提出改选万科董事会的提案，准备罢免万科管理层，使万科实际控制人即管理层的公司控制权受到威胁。

3.2 金字塔股权结构

金字塔股权结构是指公司实际控制人通过金字塔式多层级控制链条间接实现拥有公司控制权的股权结构设计。从理论上讲，金字塔股权结构的层级是没有上限的，实际控制人对公司的控制权以每条控制链条上的持股比例乘积得以实现。

前文提到的贵人鸟股份有限公司，在2018年和2019年由于经营不善而连续亏损，面临退市风险，其法定代表人和董事长林天福也被列为限制高消费人员。2022年，贵人鸟股份有限公司的控股股东贵人鸟（香港）有限公司持有的公司3000万股无限售条件的流通股被司法拍卖，贵人鸟股份有限公司控制权发生变更，呈金字塔股权结构，如图3-5所示。

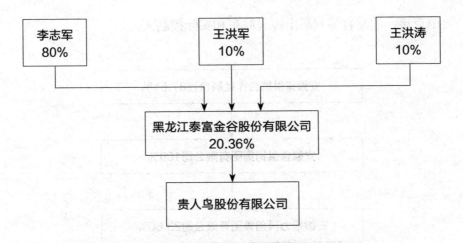

图3-5　贵人鸟股份有限公司2022年控制权关系图

数据来源：贵人鸟股份有限公司2022年年度报告。

2022年，贵人鸟股份有限公司的控股股东是黑龙江泰富金谷股份有限公司，实际控制人是该公司董事长李志军，实际控制人对贵人鸟股份有限公司的控制权比例为16.288%（80%×20.36%）。这是一个只有两层的金字塔股权结构。

再以安徽新力金融股份有限公司为例，如图3-6所示。安徽新力金融股份有限公司2022年的控股股东为安徽新力科创集团有限公司，其直接持有安徽新力金融股份有限公司23.60%的股权，但是，安徽新力金融股份有限公司的实际控制人为安徽省供销合作社联合社，其间接持有安徽新力金融股份有限公司20.65%（87.51%×100%×23.60%）的股权。安徽新力金融股份有限公司的金字塔结构虽然层级比贵人鸟股份有限公司的多，但其结构比较简单直接，非常容易判断出控股股东和实际控制人。

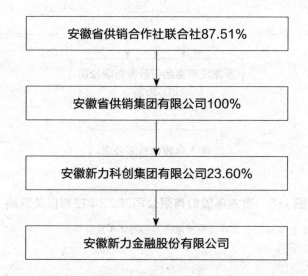

图3-6 安徽新力金融股份有限公司2022年控制权关系图

数据来源：安徽新力金融股份有限公司2022年年度报告。

有些公司的金字塔股权结构非常复杂，层级多，结构复杂，链条曲折，不易判断出控股股东和实际控制人，例如福建龙净环保股份有限公司2020年的控股股东是龙净实业投资集团有限公司。由图3-7可知，福建阳光集团有限公司间接持有福建龙净环保股份有限公司18.09%的股权，福建阳光集团有限公司全资子公司西藏阳光瑞泽实业有限公司及西藏阳光泓瑞工贸有限公司持有福建龙净环保股份有限公司6.95%（2.81%+4.14%）的股权。也就是说，福建阳光集团有限公司合计持有福建龙净环保股份有限公司总股本的25.04%（18.09%+ 6.95%）。实际控制人为福建阳光集团有限公司法定代表

人吴洁，其持有的福建龙净环保股份有限公司控制权也为25.04%，
但吴洁拥有福建龙净环保股份有限公司所有权的比例为9.28%。

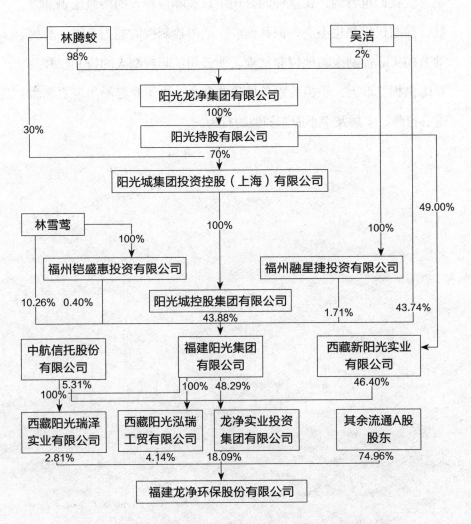

图3-7　福建龙净环保股份有限公司2020年控制权关系图

数据来源：福建龙净环保股份有限公司2020年年度报告。

福建龙净环保股份有限公司实际控制人的控制层级多达7层，链条多达4条，其复杂程度非同一般，所以，确定公司实际控制人实属不易。我们也看到，在这样的公司中，实际控制人的持股比例非常低，控制权份额也不高，但其他股东取得控制权的能力有限，想撼动公司实际控制人的地位非常难。而公司实际控制人的控制权和持股比例相差很大，承担的财务风险非常小，决策时容易出现更加激进、冒险、不顾及中小股东利益的行为。

3.3 双重股权结构

双重股权结构，又称为AB股权结构、二元股权结构，是指将公司的股票分为高、低两种投票权。高投票权的股票以优先股为主要形式，每股有2~10票的投票权，只要高级管理者或公司创始人持有半数以上这种股票，就能够实现对公司的绝对控制。而低投票权股票的投票权只有高投票权股票的10%或1%，甚至没有投票权，这类股票由一般股东持有。

双重股权结构起源于欧美，最初是为了解决公司股权过于分散、中小股东难以有效行使投票权的问题而设计的。早在1898年，International Sliver公司发行了1100万股无投票权的股票和900万股优先股股票，成为全球首个实行双重股权结构的公司。1925年，美国道奇公司发行了1500万股无投票权的普通股股票，这些股票占普通股的4/5。随后，这一股权结构设计方案在公司中被广泛应用。

从上述对双重股权结构的描述中能够看出，该股权结构设计方案最大的优势就是能够保证公司控制权始终掌握在公司创始人或者高级管理者手中。如果公司只发行同股同权的股票，那么保护公司控制权的成本就会过高。公司创始人往往既想发行股票，以广泛地吸引公众资金进行融资，又害怕因股权分散或遭遇资本市场恶意收购而丧失公司控制权，双重股权结构巧妙地解决了这一矛盾，因而被广泛应用于公司股权结构设计中，如今已成为上市公司的标配。

我国实行双重股权结构最为著名的企业是京东。京东的股票包括A类股和B类股，A类股持有人每股可投1票，B类股持有人每股可投20票，且B类股的股票持有人可随时按1∶1的比例将B类股转换为A类股。京东AB股权结构的受益人是董事会主席兼创始人刘强东，刘强东设立的离岸家族信托公司Max Smart Limited持有相当于京东22974550股A类股的投票权。通过股票期权，刘强东又可行使9200000股A类股及Max Smart Limited直接持有368007423股B类股投票权。同时刘强东单独持有的Fortune Rising Holdings Limited持有京东18367300股B类股，占公司总投票权的3.5%。也就是说，刘强东合计持有京东总投票权的73.9%，对公司拥有绝对控制权。

表3-1　京东主要股东AB股权结构

董事/高级管理人员/主要股东	A类普通股	B类普通股	持有普通股总数	占普通股总数百分比	占总投票权百分比
刘强东	32174550	368007423	400181973	12.7%	73.9%
Max Smart Limited	22974550	368007423	390981973	12.4%	70.4%
沃尔玛	289053746	—	289053746	9.2%	2.8%

（续表）

董事/高级管理人员/主要股东	A类普通股	B类普通股	持有普通股总数	占普通股总数百分比	占总投票权百分比
Fortune Rising Holdings Limited	—	18367300	18367300	0.6%	3.5%

数据来源：京东2022年年度报告。

　　在京东的董事及高级管理人员中，刘强东持有公司股份最多，而Max Smart Limited和Fortune Rising Holdings Limited由其设立且单独持有，虽然刘强东持有的普通股总数只占京东普通股总数的12.7%，但其投票权却占到公司总投票权的73.9%，实现了少量持股却多数控股。从刘强东个人角度看，双重股权结构设计保护了其公司控制权；从公司的角度看，双重股权结构设计在保证公司控制权稳定的基础上，使公司战略得以有效实施，为公司的长期稳定发展保驾护航。

　　我们也应该看到，虽然双重股权结构能够保护公司控制权，能够缓解公司控制权与融资的矛盾，保证公司长期稳定发展，但这种股权结构并非没有缺点。由表3-1可知，京东的控制权完全集中在刘强东一人身上，其他董事和股东（尤其是中小股东）对重要决策没有话语权。这样的股权结构设计缺少对大股东和实际控制人的监督机制，或监督机制很难奏效，无疑会增加京东的经营风险。一旦刘强东及其团队出现决策失误，公司可能会蒙受重大损失。同时，刘强东作为京东创始人和实际控制人，其个人形象也会对公司产生巨大影响。

3.4 交叉持股股权结构

交叉持股是指公司的法人互相持有对方公司的股份。交叉持股最常见于两家公司互相持有对方的股份，但也有多家公司循环持股的情况。交叉持股分为母子公司交叉持股和非母子公司交叉持股这两种情况。交叉持股有三大优势：其一，在自身遭遇资本市场恶意收购时，可以由对方扮演"白衣骑士"挽救本公司控制权；其二，通过交叉持股的杠杆作用，出资人能够以较少的资金掌握公司控制权，节约资本；其三，通过交叉持股，可扩大公司的经营范围，实现规模经济。

➡ 3.4.1 "白衣骑士"

当公司面临被恶意收购时，公司的反收购策略之一便是引入友好人士或企业，即通常所说的"白衣骑士"，对本公司进行增资，提高恶意收购者的收购成本，令其退却。当然，"白衣骑士"并不一定是与被恶意收购的公司之间存在交叉持股的公司，但如果"白衣骑士"和被恶意收购的公司交叉持股，则会使被恶意收购的公司与"白衣骑士"之间利益更加一致，因为被恶意收购公司的公司控制权一旦落入恶意收购者手中，"白衣骑士"的利益也会受损，这使得交叉持股的公司间更有动力扮演对方的"白衣骑士"。

　　一个非常典型的案例就是辽宁成大股份有限公司（以下简称辽宁成大）和广发证券股份有限公司（以下简称广发证券）之间交叉持股，如图3-8所示。1998年11月3日，广发证券受让辽宁成大2560万股股权，占辽宁成大全部股份的18.61%，成为辽宁成大的第二大股东。1999年3月9日，辽宁成大以2.78亿元价款受让广发证券24.66%的股权，成为广发证券的第二大股东。同年8月，经证监会审核批准后，辽宁成大与广发证券形成上市公司与证券公司相互持股的格局。这是我国证券市场上第一个公司间交叉持股案例，同时也是工业资本与金融资本的有益结合，具有划时代的意义。

　　1999年，辽宁成大的经营业绩得到大幅提升，每股收益跃升至沪深股市第3名。依靠广发证券丰富的资本运营经验，辽宁成大通过积极并购实现了规模扩张，且广发证券超强的盈利能力也为辽宁成大贡献了大额的股权投资收益。同年11月，广发证券增资扩股，辽宁成大以3.2亿股股权、20%的持股比例成为广发证券的第一大股东。2004年6月，辽宁成大进一步增持广发证券的股份，占其总股本的25.58%。

图3-8　辽宁成大与广发证券交叉持股关系图

　　然而，中信证券股份有限公司（以下简称中信证券）对广发证券突如其来的恶意收购打破了辽宁成大与广发证券协同发展的"岁月静好"局面。2004年9月2日，中信证券董事会通过了《关于收购广发证券股份有限公司部分股权的议案》。2004年9月7日，中信证券发布《关于拟收购广发证券股份有限公司部分股权的说明》。同日，深圳吉富创业投资有限公司（以下简称深圳吉富）核准成立，由广发证券员工共同持股，专门用于收购广发证券的股份。中信证券的恶意收购来势汹汹，因手中持有大量货币资金——15.8亿元现金和36.2亿元自营证券，中信证券对广发证券初步开价为1.25元/股，并声明将以此为基础设计公开要约收购价格调整机制，无论广发证券最终评估值高还是低，中信证券都将保证广发证券出让股东的股权在评估值基础上溢价10%~14%，这对广发证券中小股东形成诱惑。

　　广发证券的股权比较分散，辽宁成大作为其第一大股东仅持有25.58%的股权，且广发证券当时并未公开上市，其股权价值被严重低估，这为中信证券的恶意收购提供了良好的基础。要约收购公告一经发布，中信证券的股价开始上升，股票累计超额收益率一度达到5%。

　　广发证券在此次恶意收购事件中的反收购操作可圈可点。首先，广发证券动员员工集体反对中信证券的收购行为，90%的广发证券员工联名发表公开信表示抗议。其次，广发证券员工共同持股的深圳吉富通过连续受让，取得了广发证券12.23%的股权，从而成为广发证券的第四大股东。广发证券员工的一系列护盘操作既表明了被收购方的态度，也有力地减少了广发证券的可收购股权份额，增加了中信证券的收购难度。

　　而起到决定性作用的反收购操作则是引入了"白衣骑士"——辽宁成大和吉林敖东股份有限公司（以下简称吉林敖东），与中信证券竞价。吉林敖东在此次恶意收购之前就是广发证券的第三大股东，持股份额为13.75%。在广发证券面临恶意收购的当口，2004年9月14日，吉林敖东收购了广东风华高科技集团有限公司和吉林敖东药业公司持有的广发证券股份，以17.14%的持股比例成为广发证券的第二大股东，进一步缩减了中信证券的股权收购范围。2004年9月24日，吉林敖东又收购了广东珠江投资有限公司持有的10%的广发证券股份，至此，吉林敖东已持有广发证券27.14%的股份。同日，辽宁成大以其第一大股东的身份进一步增持广发证券，持股比例达到27.31%，广发证券前两大股东持有股权份额为54.45%。加上第三大股东深圳吉富持有的12.23%，合计66.68%，见表3-2。且三大股东都对广发证券反收购提供鼎力支持，使得中信证券不得不于2004年11月24日发布公告称其对广发证券的要约收购未达51%的预计目标，解除要约收购。

表3-2 广发证券公司控制权变化

股东	中信证券恶意收购前持股比例	中信证券恶意收购后持股比例
辽宁成大	25.58%	27.31%
吉林敖东	13.75%	27.14%
深圳吉富	0%	12.23%
合计	39.33%	66.68%

从中信证券恶意收购广发证券的案例中，我们可以清楚地看到，交叉持股的广发证券和辽宁成大是"一荣俱荣、一损俱损"的利益共同体，如果中信证券要约收购成功，广发证券的第一大股东将易主，辽宁成大必然遭受控制权损失，进而逐渐丧失对优质资产即广发证券的投资收益索取权。成为广发证券的"白衣骑士"，是辽宁成大的必然选择。而从广发证券的角度看，此次反收购事件之所以能够胜利，正是因为其与辽宁成大交叉持股的方式，使自己较为容易地争取到了辽宁成大的支持，为此次事件一锤定音。

➡ 3.4.2　节约资金

交叉持股可以帮助双方节约投资资金。具体做法如下。

A、B两家公司为交叉持股公司，假设A公司先向B公司投资100万元，这样B公司就拥有了100万元的股本资金。接下来，B公司再用这100万元向A公司投资100万元，这100万元又回到了A公司。两家公司在没有额外付出一分钱的情况下，分别成为对方的股东，这无疑为两家公司节约了资金。

在上述过程中，虽然A、B两家公司达到了节约资金的目的，但我们也看到B公司并没有获得实际的资金，资金只体现在账面上，对B公司来说，生产、经营和发展是需要真金白银的，应该怎么办呢？答案是引入其他股东——C公司，利用C公司的真实资金进行生产经营。这时，新问题又产生了，引入C公司会不会影响B公司的控制权呢？其实，通过A、B两家公司的交叉持股设计可以做到不影响公司控制权，只要A公司对B公司的投资金额不少于引入C公司的投资金额，A公司就不会丧失对B公司的控制权。而这部分资金，只要B公司再投资给A公司就可以了，如图3-9所示。

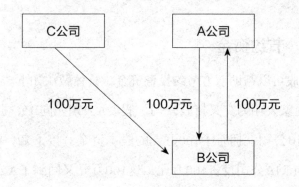

图3-9　A、B公司交叉持股关系图

以节约资金为目的的交叉持股方式特别适合同一企业集团内部母子公司、子子公司。企业集团本来就是一个利益共同体，实际控制人相同，互相之间的交易、投资多是以整体利益为出发点的，使用交叉持股这样的股权结构，既能保护集团内部公司的控制权，又能节约资金，而且这种操作风险很低。

但是，以节约资金为目的的交叉持股股权结构会造成公司虚增资本，而且对其他股东是不公平的，尤其是企业集团内部的交叉持股，可以反复、交叉进行，极端的情况可能是只有最初的资本金是真实的，其他都是虚增的。《公司法》对交叉持股没有明确的限制性规定，证监会颁布的《证券公司设立子公司试行规定》第十条规定："子公司不得直接或者间接持有其控股股东、受同一证券公司控股的其他子公司的股权或股份，或者以其他方式向其控股股东、受同一证券公司控股的其他子公司投资。"这一规定约束了证券公司的母子公司交叉持股行为，其他行业不受影响。

➡ 3.4.3　规模经济

同行业企业间的交叉持股有利于实现规模经济，抵御激烈的行业竞争。中国平安保险集团股份有限公司（以下简称平安集团）与深圳发展银行股份有限公司（以下简称深圳发展银行）的交叉持股就是金融业内部企业交叉持股以获取规模经济的典型案例。平安集团是以保险为核心业务，集证券、信托、银行和资产管理等为一体的综合金融服务体，原平安银行是其子公司。深圳发展银行是中国首家上市商业银行。

在双方交叉持股前，2008年—2010年，平安集团已经单向持有深圳发展银行的股份；2011年，深圳发展银行开始持有原平安银行的股份，即双方开始交叉持股；2012年，深圳发展银行实现了对原平安银行的吸收合并。在交叉持股前，双方均有业务优势和短板：平安集团因保险业务积累了雄厚的资金实力，但原平安银行盈利水平不高、网点少；深圳发展银行在银行业深耕多年，拥有丰富的银行业运营经验和众多经营网点，但资本规模不足。双方结成利益共同体后，可以进行优势互补（见表3-3）。

表3-3 平安集团与深圳发展银行交叉持股时间表

时间	交叉持股路径	结果
2008年—2009年6月	平安集团从二级市场累计购入深圳发展银行4.54%的股权	平安集团成为深圳发展银行第二大股东
2010年5月6日	平安集团收购原深圳发展银行第一大股东——美国新桥集团持有的全部股份	平安集团合计持股29.89%,成为深圳发展银行的第一大股东
2011年6月28日	平安集团以其持有的全部原平安银行股份和现金认购深圳发展银行定向增发的股份	深圳发展银行持有原平安银行90.75%的股份,原平安银行成为深圳发展银行的控股子公司;平安集团持有52.38%的深圳发展银行股份,深圳发展银行成为平安集团的控股子公司
2012年2月9日	平安集团和深圳发展银行的股东大会通过深圳发展银行吸收、合并原平安银行的议案	原平安银行注销,其分支机构成为原深圳发展银行的分支机构
2012年7月27日	深圳发展银行股份有限公司更名为平安银行股份有限公司	新平安银行主营业务的连续性和管理层的稳定性不受影响

平安集团与深圳发展银行在2011年交叉持股后,规模经济和协同效应显著(见表3-4、表3-5)。平安集团的银行业务贡献利润79.77亿元,较上年增长176.8%,深圳发展银行的总资产也突破1.2万

亿元。平安集团银行业务存款总额8508.45亿元，增长14.2%，其中零售存款额1522.80亿元，增长30.3%，贷款总额6206.42亿元，增长15.3%。原平安银行与深圳发展银行的交叉销售渠道实现信用卡新发卡量100万张以上。深圳发展银行的负债比率由2008年的96.54%下降为2011年的94.01%，不良贷款率持续下降。平安集团的客户和销售队伍被有效地整合进银行业务，银保合作取得显著成效，深圳发展银行2011年手续费及佣金收入比上年增长68%。

表 3-4　平安集团获得规模经济和协同效应情况

项目	获得规模经济和协同效应
银行业务贡献利润	79.77亿元，较上年增长176.8%
银行业务存款	总额8508.45亿元，增长14.2%，其中零售存款额1522.80亿元，增长30.3%，贷款总额6206.42亿元，增长15.3%
其他方面	平安集团的客户和销售队伍被有效地整合进银行业务，银保合作取得显著成效

表 3-5　深圳发展银行获得规模经济和协同效应情况

项目	获得规模经济和协同效应
负债比率	由2008年的96.54%下降为2011年的94.01%
不良贷款率	持续下降
2011年手续费及佣金收入	比上年增长68%

再看双方合并后的情况，如图3-10所示。原平安银行总资产约1300亿元，在全国银行的排名为50多位，深圳发展银行的总资产约为5200亿元，全国银行排名居第15位。合并后的平安银行总资产达12581亿元，全国排名居第12位，资产规模实现跨越式增长。市场份额方面，合并后的平安银行在之前20多家网点的基础上增加了76个营业网点。

图3-10　2022年平安银行发展情况

"平深恋"10年后，2022年，平安银行总资产规模为53215.14亿元，在全国银行排名中居第13位；营业收入1604.69亿元，在全国银行排名中居第11位，同比增长6.2%；净利润455.16亿元，同比增长25.3%；零售客户资产接近3.6万亿元；加权平均净资产收益率为12.36%。如表3-6所示。

表3-6　2022年平安银行发展情况

项目	所创成就
总资产	规模53215.14亿元，全国排名居第13位
实现营业收入	达到1604.69亿元，全国排名居第11位，同比增长6.2%
实现净利润	达到455.16亿元，同比增长25.3%
零售客户资产	接近3.6万亿元
加权平均净资产收益率	达到12.36%

　　平安集团与深圳发展银行交叉持股以及最终合并，扩大了资产规模，降低了经营成本，共享了客户和人力资源，整合了渠道和网点，提升了盈利能力和市场份额，真正实现了规模经济和协同效应，成为金融业银保合作的佳话。

　　如今，公司间交叉持股已经被广泛应用于公司控制权设计中，交叉持股能够为公司带来诸多益处，公司可以视自身实际情况和控制权诉求进行设计。但在对公司控制权进行交叉持股股权结构设计时应注意，要找到志同道合、互补互助的合作伙伴。从上述案例可以看到，交叉持股可以发生在相同行业中、不同行业间、母子公司间等，交叉持股股权结构设计有各自的目的。平安集团和深圳发展银行的案例属于相同行业公司间的交叉持股。寻求协同效应、想要实现规模经济的公司适合这种股权结构类型。辽宁成大和广发证券属于不同行业间公司交叉持股，而且制造业和金融业的公司交叉持股是非常实用的控制权设计方案。而集团内部公司进行交叉持股，可以满足节约资金的诉求，彼此信任度高，抵御外部收购风险能力强。

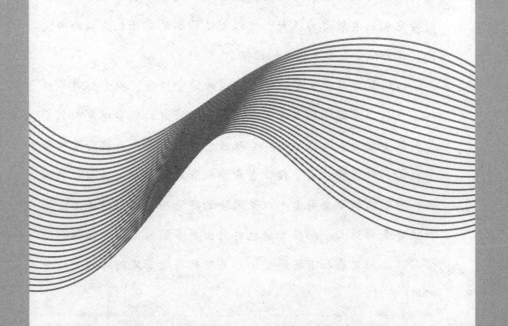

第 4 章

初创型公司的
控制权设计案例

　　从本章开始，我们将介绍不同类型公司的控制权设计案例，以帮助读者对公司控制权有更深入的理解。本章介绍初创型公司的控制权设计案例。

　　首先，要了解什么是初创型公司。顾名思义，初创型公司指的是刚刚成立的公司，这类公司开展业务时间不长，规模较小，缺少有效的管理体系，没有完整的市场经营机制，更没有可以引起公众关注的大型商业活动或企业文化。初创型公司因处于萌芽阶段，需要大量的资金和市场推广活动来支持、助力其成长。这类公司的产品或服务在市场上缺乏影响力，往往还需要一些时间才能打开市场，但它们在商业社区中很受欢迎，因为它们的发展潜力很大，可以创造出新的就业机会和公司文化，能为投资者带来极大的回报。

　　初创型公司最主要的资本可以来源于银行、投资公司等机构，也可以来源于朋友或家人。专业投资者的投资也是初创型公司的主要资本来源之一。专业投资者通常有个人投资者和金融机构两种类型，由于投资者希望投资后得到公司股权作为回报，所以初创型公司需要以低风险的投资项目吸引投资者，增加投资者的信心。而投资者也要付出更多的时间去关注初创型公司产品的发展和市场的变化，并及时将投资风险转换为投资回报。

4.1　初创型公司控制权特征

公司控制权是指股东或者公司的经营人通过股权、人事安排、协议设计等方式实现对公司的经营、资产以及重大事项的决策等方面进行控制和影响的权利。简单地说，它是公司股东、创始人、投资者或经营者控制和影响公司的权利。这种控制权主要基于对公司的出资、在公司的地位、股权关系、人事协议、对资产的控制等方面而形成的。

要想掌握公司控制权，就要知道什么叫"公司控制权三条线"：第一条线，如果你掌握了公司67%的股份，就代表你掌握了公司的绝对控制权，什么事都是你说了算，这是绝对安全的；第二条线，如果你能掌握公司51%以上的股份，就代表你掌握了公司的相对控制权，意味着你对公司的经营和管理有话语权，同时你也可以对公司的重大决策进行主张和判断，这条线虽然没有第一条线那么安全，但也可以对公司产生重大影响；第三条线，如果你在公司持股超过34%，那么，像修改公司章程、增减资本等行为，没有你的同意是无法进行的。具体说明见表4-1。

表4-1 "公司控制权三条线"说明

类别	说明
绝对控制权	掌握公司67%的股份，相当于拥有100%的权利。可以决定增加或减少注册资本，可以决定修改公司章程，可以对公司合并、分立、解散、清算做出决议，有权变更公司形式，有权决定重大资产出售与否等
相对控制权	掌握公司51%以上的股份，可以决定公司的一般经营事务、公司的经营方针和投资计划；可以选举和更换非职工代表的董事、监事；审议批准董事会、监事会或监事的报告；审议批准公司的年度财务预算方案、决算方案、利润分配方案和弥补亏损方案等
安全控制权	掌握公司34%以上的股份，有一票否决权

当然，在公司发展的不同阶段，公司控制权所体现的重要性也是不同的。在公司发展初期，由于创始人是公司的主要股东，股东人数不多，且大多是熟人，相互配合默契，股东基本上直接参与公司的经营，担任公司的重要职务。也就是说，公司所有者、经营者、监督者基本上都是一群人，因为公司处于创业阶段，没有做出很大的成绩，较少涉及利益分配问题，需要大家共同努力，也就无所谓控制不控制的问题。这个时期体现出来的公司控制权比较弱，较少出现争夺公司控制权的局面。

随着公司的发展壮大，公司需要不断引进战略合作伙伴和投资者，并不断吸纳人才。公司股东人数逐渐增加，创始人和大股东的持股比例不断被稀释，这就使得其话语权相对降低。在公司逐渐做大的情况下，公司内不同利益诉求者会对公司控制权提出不同意见，尤其是在与其他股东联合的情况下，可能会导致创始人或大股东的公司控制权受到挑战甚至丧失。在这个时期，公司控制权的重要性逐渐凸显出来，此时，很多人才意识到需要通过参股设计、股权架构的搭建来实现对公司的控制，获得公司控制权。但是，如果在初始阶段未重视公司控制权的设计，之后再进行调整，很可能无法挽回失去公司控制权的局面。

因此，初创型公司的股权结构非常重要。如果公司在成立时股权结构就有问题，那么公司在运营的过程中也会产生各种各样的问题，而且在运营中调整股权结构，成本会更高。所以，最好在公司成立初期就关注公司的股权结构，为公司设计合适的股权结构，以保障创始人或大股东的公司控制权。

➡ 4.1.1　核心创始人拥有绝对的公司控制权

初创型公司往往由一两个创始人构思、发起和组织，由一个团队推动和实施，核心创始人是创始股东之一。在现实中，有相当一部分初创型公司的核心创始人往往不假思索地将股份分给核心创始团队成员，这么做，既可能是因为他们碍于情面，也可能是因为当时公司没有充裕的现金作为等价物来换取创业所需的资源和技能等。

如果说资本在公司运营的早期阶段很重要，那么股权资本就更是弥足珍贵。资本在公司发展过程中是可再生的，股权却不是；每一元现金的价值在公司发展过程中几乎不会增加，每一股股票的价值却可能增加几十倍甚至几百倍。因此，股权资本分配的第一条基本原则是：能用"钱"解决的问题，就不要用"股权"来解决。

公司在创始阶段引进关键人才时，最好不要直接给其实股，可视具体情况给其一些虚拟股。对于创始股东如何划分公司股权往往是仁者见仁智者见智，创业取得成功并上市的公司，在股权上往往是一股独大的情况。所谓"一股独大"，指在上市公司的股权结构中，某一个股东占有最大的股份，可以绝对控制公司的经营。例如，该股东所持股份超过50%，而其他股东所持股份很少。还有一种情况是该股东所持股份虽没超过50%，但其他股东持股比例很少，甚至不到1%。这种情况也可称为"一股独大"。

股权分配直接决定了公司凝聚力的强弱，对公司的效率、利益、长远发展以及成员的成长和发展都有重要影响。股权分配还可以规避经营风险。大股东亲自关注公司的经营管理，或委托自己信任的人打理公司。这样，股东与管理层的距离最近，股东不仅可以了解公司的真实经营情况，进行实时监督，还可以对公司的经营情况及时做出最有效的反应，既能规避经营风险，也能规避管理层的道德风险。如果股权过于分散，那么每个股东都无法真正地控制公司，公司的实际控制权就落在了经理人手中。因为经理人并不是公司股东，所以在管理过程中有可能产生道德风险，即有可能通过损害公司的利益来实现私人利益。

　　总而言之，公司的核心创始人拥有绝对的公司控制权可以提高公司决策和行动的效率。

　　在初创型公司因合伙人团队分裂而导致创业失败的案例中，合伙人之间进行股权平均分配或相近分配的情况很常见，尤其是在中国。初创型公司的创始人最好持有67%以上的股份，以确保绝对控制权，从而使公司的各种决策得以顺利实施，公司得以平稳运行。

　　一些公司在成立之初，大股东就非常重视股权结构的设计和控制，并借助股权融资高速发展，短短几年就发展成市值千亿元的世界级企业，而大股东始终牢牢掌控公司，实现股权价值最大化。小米科技有限责任公司（以下简称小米科技）就是这样做的典型公司。

　　雷军在创办小米科技时，总结和借鉴了之前创业的经验和教训，他非常注重股权结构的设计。作为大股东，雷军持有小米科技77.80%的股份，牢牢掌握着公司的绝对控制权。小米科技的工商登记信息显示股东为雷军、黎万强、洪锋及刘德，他们分别拥有小米科技77.80%、10.12%、10.07%及2.01%的股权，如图4-1所示。

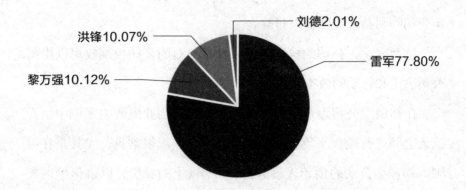

图 4-1 小米科技初创时股权架构图

小米科技在创立一个月后完成第一轮融资，估值2500万美元，融资1000万美元，其中，刘芹（原晨兴资本，即现在的五源资本的创始合伙人）领投500万美元，全体员工跟投500万美元。半年后，刘芹继续领投，小米科技融资3100万美元，估值2.5亿美元，当时的小米科技只有54名员工，并且手机产品尚未完成研发。第二年，多家投资机构领投，刘芹继续跟投，小米科技融资约5亿美元，估值10亿美元，手机研发已经完成，即将投产。

小米科技融资情况见表4-2。

表 4-2 小米科技融资情况

时间	轮次	金额
2011年7月1日	A轮	4100万美元
2011年12月1日	B轮	9000万美元
2012年6月1日	C轮	2.16亿美元

（续表）

时间	轮次	金额
2013年9月12日	D轮	数亿美元
2014年12月29日	E轮	11亿美元
2015年4月27日	F轮	未透露

　　小米科技经历6轮融资，累计融资超过15亿美元，直到在中国香港IPO，融资370亿港元，雷军依然是小米科技的实际控制人，持有小米科技31.41%的股份。小米科技在雷军的带领下，一开始就以良好的股权结构对接资本市场融资，获得源源不断的资本支持，公司持续高速发展，从初创到成为价值千亿元的世界级公司并在中国香港上市，仅仅用了8年时间。如果不是拥有雄厚的资本实力，小米科技的发展不会如此迅速；如果初创时期公司的股权结构不合理，雷军可能会在连续数轮巨额的融资中失去控制权，或者股权比例被大幅稀释；如果雷军在公司初创时期所持有的股份比例较低，投资机构可能不会不顾风险地连续投资。众所周知，在公司创立之初，拥有一个被普遍认可的绝对领导核心是多么重要。

　　因此，大股东在创办公司时应重视股权结构设计，以便更好地控制公司，实现公司价值最大化。

➡ 4.1.2　实现控制权和股权分离

　　创始人通常还会采取一些合理的措施来实现控制权和股权的分

离，保护其对公司的控制权。

控制权与股权体现的是不同层面的权利类型。控制权与股权有一定的联系，但控制权不等于股权（如图4-2、图4-3所示）。

控制权主要指对公司管理、治理的决定权，而股权主要指股东对所投资的股份公司享有的一种综合性权利，既包括身份关系的权利，也包括财产性权利。而控制权主要体现的是对公司经营、管理和治理享有的决策话语权。创始人所拥有的控制权不一定与其在公司的经济利益占比成正比，有时具有控制权的人在公司分红方面可能并不多，比如有些拥有控制权的人其实并不享有经济上的利益，而是追求此公司与彼公司的协同和行动一致。

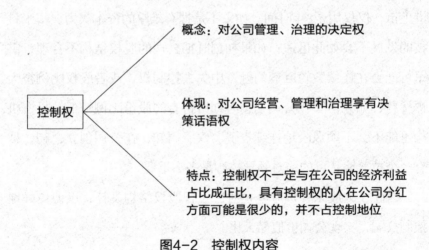

图4-2 控制权内容

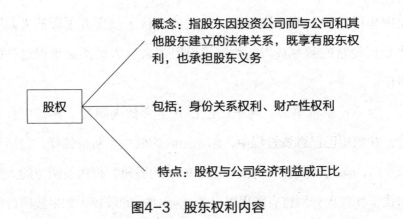

图4-3　股东权利内容

　　股权占比的多少影响公司控制权的大小，但公司控制权并不是只有股权占比这一个影响因素，其他因素也可以影响公司控制权（如图4-4所示），比如协议控制，董事、总经理等高管的委任，章程设计安排，投票权安排，代持委托，公章控制，等等。

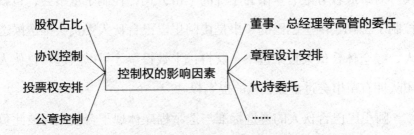

图4-4　影响控制权的因素

1.阿里巴巴的合伙人制度

　　阿里巴巴的合伙人制度创始于2009年，直到2013年随着上市临近才对外公布。该合伙人制度不同于传统意义上的合伙人制度，它是阿里巴巴独创的管理制度。传统的合伙人制度要求合伙人共同为公司经营的盈亏负责，而阿里巴巴的合伙人则不必承担这样的责任。

为了控制董事会，阿里巴巴创立了合伙人制度。其诞生背景是：在阿里巴巴融资过程中，创始团队的股权不断被稀释，包括马云在内的高管团队仅持有阿里巴巴9.5%的股份，位居前两位的大股东软银和雅虎分别持有阿里巴巴29.2%和15%的股权。如果按照传统的同股同权的规则，阿里巴巴的控制权与决策权应掌握在软银创始人孙正义手中。

然而，马云通过合伙人制度的"投票权委托+半数以上董事会提名权"这个巧妙设计，把控制权牢牢掌握在自己手里。阿里巴巴合伙人拥有提名简单多数（50%以上）董事会成员候选人的专有权。对于股权分散、董事会主导的上市公司，控制了董事会，也就控制了公司。阿里巴巴的董事是由阿里巴巴合伙人委员会推选候选人，经全体合伙人投票选举，获得过半数投票才可以当选。合伙人团队拥有董事会过半数名额的提名权。

阿里巴巴合伙人的遴选标准与选举程序体现了合伙人对彼此负责的态度，也提升了客户、股东和员工对合伙人的信任感。同时，阿里巴巴要求每位合伙人在其担任合伙人期间，持有一定数量的公司股权，以避免合伙人损害股东利益。通常而言，候选合伙人需要在阿里巴巴旗下公司或其重要关联公司工作超过5年，这意味着候选合伙人很有可能已经持有一定数量的公司股权。成为阿里巴巴合伙人具体需满足的条件见表4-3，阿里巴巴合伙人的权利见表4-4。

表4-3　成为阿里巴巴合伙人需满足的条件

1	必须在阿里巴巴服务满5年
2	必须持有公司股份，且有限售要求
3	由在任合伙人向合伙人委员会提名推荐，由合伙人委员会审核并同意其参加选举
4	在一人一票的基础上，超过75%的合伙人投票同意其加入，合伙人的选举和罢免无须经过股东大会审议或通过
5	还要符合两个弹性标准：对公司的发展有积极贡献；高度认同公司文化，愿意为公司的使命、愿景和价值观竭尽全力

表4-4　阿里巴巴合伙人的权利

1	对董事的提名权和任免权。合伙人拥有提名董事的权利，且提名董事占董事会人数半数以上。如果董事会成员中由合伙人提名的董事不足半数，合伙人有权任命额外的董事，确保其半数以上的董事控制权。此外，如果董事离职或被提名者未通过股东大会决议，合伙人同样可以任命新的临时董事，直至下一年度股东大会
2	合伙人的奖金分配权。阿里巴巴每年会向公司合伙人在内的公司管理层发放奖金。阿里巴巴在招股书中强调，该奖金属于税前列支事项。这意味着合伙人的奖金分配权不同于股东分红权，因为股东分红是在税后利润中予以分配，而合伙人的奖金是作为管理费用处理的

（续表）

3	可能成为合伙人委员会中的成员。合伙人委员会是阿里巴巴合伙人制度的一个重要核心。合伙人委员会由5位合伙人组成，每一届任期3年，合伙人委员会成员可以连任。合伙人委员会负责合伙人的选举。所有合伙人都可以提名合伙人人选，但是这个提名能不能被合伙人委员会接受，使其真正成为候选人，由合伙人委员会决定。同时，合伙人委员会提出年度奖金池分配方案，由董事会的薪酬委员会审核批准

2.投票权代理

投票权代理是指将所持股份的投票权通过协议委托的方式交由受托人执行。投票权代理安排是最简单、成本最低的获取控制权的方式。投票权代理委托一般基于对公司前景和创始人、管理层有高度的信心。

例如，Facebook为了保证创始人的绝对控制权，在双重股权架构设计外还设置了投票权代理协议，前10轮参与投资的所有机构和个人都需要签订该协议，同意在协议约定的场合下授权扎克伯格代表其所持股份进行表决，且该协议在IPO后仍然有效。这部分代理权总计占比达30.5%，再加上扎克伯格个人拥有的每股10票的B类股票投票权28.4%，扎克伯格总计拥有Facebook58.9%的投票权，拥有对公司的绝对控制权（如图4-5所示）。众投资者之所以签署该协议，是出于对Facebook公司和扎克伯格本人的信任，所幸Facebook不负众望。

图 4-5　扎克伯格拥有Facebook投票权示意图

　　投票权代理安排的弊端是一般投资人不愿将投票权委托出去。例如，京东在上市前就没有获得美国老虎基金所持18.1%、高瓴资本所持13%、今日资本所持7.8%的股权对应的投票权代理，致使京东不得不将AB股形式股票设计为每股20票投票权，而常规的设计是每股10票投票权。

3.双重股权架构

　　双重股权架构是指创始人通过个人持股和其他公司持股的双重形式，掌握公司控制权的模式。下面以周鸿祎对三六零安全科技股份有限公司（以下简称360公司）的控制方式为例，对该模式进行说明。

　　360公司从美国退市后，通过借壳江南嘉捷在A股上市，并于2017年12月29日获得审核通过。根据重组报告书披露，360公司创始人周鸿祎以持有23.4%的合计股权控制上市后的360公司63.7%的投票权。周鸿祎控制360公司的股权架构如图4-6所示。

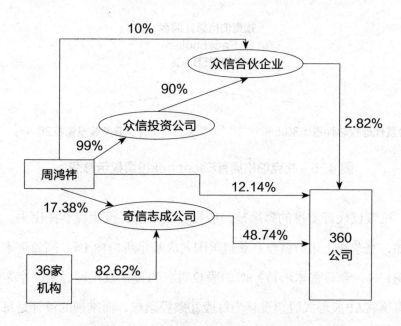

图4-6　周鸿祎控制360公司股权架构示意图

周鸿祎运用的双重股权架构模式，共分三步走。

第一步，周鸿祎直接持有360公司12.14%的股权和同等比例的投票权。第二步，天津奇信志成科技有限公司（以下简称奇信志成公司）持有360公司48.74%的股权比例，其中周鸿祎在奇信志成公司的持股比例为17.38%，其他36家机构对奇信志成公司的持股比例为82.62%。奇信志成公司的股东于2016年3月31日签署了奇信志成公司股东协议及后续补充协议，约定奇信志成公司对360公司行使股东表决权时，要根据周鸿祎的指示进行表决。周鸿祎为奇信志成公司的执行董事，而接任的执行董事需由周鸿祎提名，且周鸿祎有权随时提名新的董事人选取代其提名的执行董事。经过这样的设计，周鸿

祎以较少的持股比例实际掌握了奇信志成公司的控制权。第三步，
天津众信股权投资合伙企业（以下简称众信合伙企业）持有360公司
2.82%的股权，众信合伙企业是由天津众信投资管理有限公司（简称
众信投资公司）持股90%，另外10%的股权比例由周鸿祎直接持有，
而众信投资公司则由周鸿祎99％持股。因此，周鸿祎对众信合伙企
业的直接和间接出资比例共计达99.1%，直接控制该公司对360公司
2.82%股权的投票权。

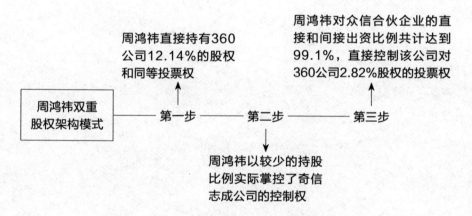

图4-7　周鸿祎实现双重股权架构模式三步走

　　核心创始人拥有绝对公司控制权，这一情况在初创型公司和一
些特定类型的公司中相对常见。这种控制权的程度和具体表现方式
可能因公司的股权结构、治理结构、章程规定及适用法律的不同而
有所差异。值得注意的是，在公司的初创阶段，核心创始人拥有绝
对公司控制权可能有助于公司迅速决策和高效运作，但随着公司的

发展壮大和资本市场的介入，这种控制权的集中也可能带来风险和挑战。例如，可能导致公司治理结构僵化、决策失误、投资者信任下降等问题。因此，核心创始人在行使公司控制权时也需要保持谨慎和平衡，确保公司长期发展和全体股东的利益。

4.2　初创型公司的控制权风险

　　初创型公司有可能经历多轮外部融资，以获取自身发展所需的大量资金，而资金的获取是以部分股权的出让为代价的，随着股权的逐步出让，不少公司的创始人会丧失对公司的控制权。初创型公司对于控制权的把控存在多方面的风险，主要表现在以下三个方面。

➡ 4.2.1　股权均分现象

　　有的创始人在创立公司之初，由于股权架构等知识匮乏、眼光不够长远、只着眼于公司的发展等工作，造成股权设计先天存在弊端，比如按照50%、50%或25%、25%、25%、25%的比例将股权平均分配。平均分配的股权结构表现为所有股东的持股比例基本一样，没有一个人持股超过公司总股本的50%，即没有一个人对公司拥有绝对控制权，这使得公司创始人无法掌握公司控制权。这种股权结构最容易导致公司出现僵局。股权二者均分、四者均分结构图如图

4-8、图4-9所示。

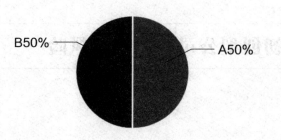

图4-8　股权二者均分结构图

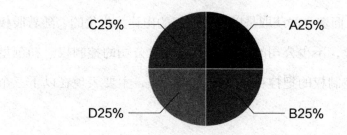

图4-9　股权四者均分结构图

　　例如，2014年，西少爷品牌创始人之一宋鑫离开西少爷，应验了电影《中国合伙人》中王阳的那句经典台词："千万别跟最好的朋友合伙开公司。"

　　2013年，西安交通大学校友孟兵、宋鑫、罗高景注册奇点兄弟计算机科技（北京）有限公司，共同创立西少爷品牌。三人在公司初创时的股权比例比较接近，没有一个绝对的"老大"（如图4-10所示）。西少爷当时火遍全国，是全社会热议的互联网餐饮代表品牌，但刚刚走上正轨就传出股权争议。创始人之一孟兵曾说："这个事给我最大的经验是，股权的平均化是不可取的，这会给公司埋下一个定时炸弹。""从刚创业时我就是老大，但是多要股份这话我说不出口。"离开西少爷并重新创业的宋鑫曾说过，创业并再引进新的联合创始人时，一定要请专业人士设计股权架构，要让自己对公司有绝对控制权。从孟兵后来的谈话并结合西少爷的股权结构不难推断，股权的平均化是西少爷创始人分道扬镳的主要原因。

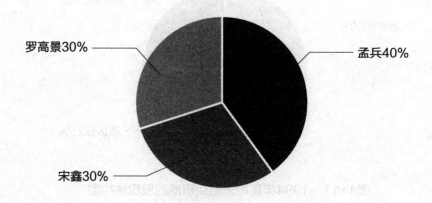

图4-10 2013年6月西少爷品牌的三位创始人所持有的公司股权比例

再如，作为标准化中餐的开路者，真功夫在中式快餐中曾是位居第一的品牌。真功夫餐饮管理有限公司（以下简称真功夫）当年发展速度非常快，很多大中城市都有其连锁店，业绩蒸蒸日上。所以，当时很多股权投资基金蜂拥而至。在资本的加持下，真功夫的发展势头更加迅猛。为了获得更大的发展和资本收益，公司决定上市。然而，2013年，蔡达标因职务侵占罪、挪用资金罪等罪被判处有期徒刑14年，真功夫不但失去了上市的机会，而且融资不畅、估值严重缩水，发展已与创立之初不可同日而语。真功夫创始人潘宇海与蔡达标的股权之争，结局可谓非常惨烈。究其原因，与真功夫创业初期不合理的股权结构不无关系。图4-11是真功夫创业初期的股权结构图，图4-12是蔡达标和潘敏峰离婚后真功夫的股权结构图。

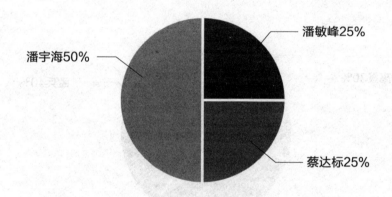

图4-11　1994年真功夫创业初期的股权结构图

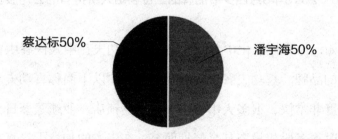

图4-12　2006年蔡达标和潘敏峰离婚后真功夫的股权结构图

真功夫两大股东围绕公司控制权持续斗争，使得本应尽早上市的真功夫失去了抢占市场的良机，也失去了和肯德基、麦当劳在中国三分天下的机会。

由此可见，不合理的股权结构设计容易使创始人出现纷争，导致公司元气大伤，甚至创业失败。所以，创业者在创业初期应真正重视股权结构设计，避免因股权结构设计不合理导致的风险。

➡ 4.2.2　融资易主现象

一些公司的创始人在公司后续发展过程中由于没有分配好股权比例，导致自己的股权被融资力量稀释，甚至逐步丢失公司控制权。1号店的创始人被迫离开就是这种情况（如图4-13所示）。

2010年5月，1号店在金融危机之后陷入资金困境，创始人于刚从平安集团融资8000万元，让出了1号店80%的股权，1号店的公司控制权就此旁落。平安集团整合1号店并不顺利，于是逐步将1号店的控制权转让给沃尔玛。2015年7月14日，创始人于刚和刘峻岭正式离开1号店。

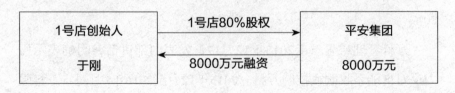

图4-13　1号店融资易主过程

➡ 4.2.3　股权过于分散现象

本节借"宝万之争"的案例来说明股权结构分散存在哪些弊端。

在资本市场中，有些公司为了追求利益最大化，常常通过分散投资的方式降低投资所带来的风险。对于万科这种股权高度分散的公司，收购它的成本较为低廉且预期丰厚。正是因为这一点，万科才成为宝能系的目标，从而出现了"宝万之争"（见表4-5）。

万科的股权非常分散，且管理层持股很少，在宝能系露出獠牙之时，万科的前十大股东合计持有的股份比例仅为22.72%。当时，只要200亿元人民币就能在二级市场拿下万科第一大股东之位。2015年7月，宝能系旗下的公司前海人寿在二级市场收购万科5.53亿股股份，之后通过连续举牌的方式增持至15.04%，宝能系超越华润集团，成为万科的第一大股东。万科管理层立刻寻求华润集团的支援，华润集团通过两次增持，将股份比例提高至15.29%，重回第一大股东的位置。但仅过了几个月，宝能系通过其旗下公司钜盛华等一致行动人，连续在二级市场举牌，累计增持万科的股份超过20%。

万科管理层王石于2015年12月17日发表内部讲话，明确表示极力反对宝能系收购或控制万科。2015年12月至2016年7月间，万科原第一大股东华润集团并未对宝能系的收购行为做出实质性的举措，于是万科管理层采取措施，引入安邦保险。然而，安邦保险最终仅持有万科6.18%的股权，对宝能系持有24.26%股权来说并未起到实质性的影响。此后，万科管理层又不顾原第一大股东华润集团，决定以增发新股的方式与深圳地铁集团重组，若重组成功，深圳地铁集团将成为万科的第一大股东。

最终，王石对万科的中小股东表达歉意，并因对宝能系造成不良影响而向宝能系掌门人表达歉意。此阶段结束。

表4-5　宝能系收购万科事件的脉络

时间	事件
2015年7月股灾期间	前海人寿买入万科5%的股份，5.53亿股。买入价格为13.28~15.47元，耗资79.45亿元
2015年7月底	宝能系又买入万科5%的股份，这一次的主力是钜盛华，前海人寿少量买入
2015年8月底	宝能系又买了5.04%的股份，股份占比接近华润集团
2015年11月27日	宝能系通过南方资本等资管通道，涨停板扫货。至此，钜盛华和前海人寿已经持有万科超过20%的股份，超过了华润集团的15.29%，晋升为第一大股东
2015年12月10—11日	钜盛华持续增持万科的股份，持股比例达22.45%

宝能系的姚振华之所以选择万科作为房地产行业的标的进行收购行动，主要原因之一是万科的流通股权比例远远高于非流通股权比例，而且万科第一大股东的持股比例距离实现控制权相去较远。截至宝能系正式举牌万科股票时，万科的前十大股东的股份合计占

比不足25%。这导致万科没有核心控制人，使得有野心的人愿意争夺这个控制权。由此可见，股权分散意味着公司的大门是敞开的，"野蛮人"可以长驱直入。"野蛮人"一旦强势入侵，公司就可能出现失控的局面。

（**4.3**）　**初创型公司控制权设计方案——以阿里巴巴为例**

　　通过以上对于初创型公司控制权特征及风险的案例分析，我们可以明确：对于初创型公司，控制权设计首先要遵循"创始人掌握绝对控制权或相对控制权"这一原则。马云是中国电商巨头阿里巴巴的创始人之一，其通过精心设计股权结构，在公司上市后保留了对公司的实际控制权。我们看看马云是如何做到的。

　　公司成立初期，马云一股独大，后来随着融资规模的扩大和股份不断被稀释，马云的持股比例逐渐下降到8.9%。马云的成功在于他的不可替代性。阿里巴巴的第一轮融资可以追溯到1999年10月，时任阿里巴巴首席财务官的蔡崇信凭借自己之前在高盛任职的人脉关系，帮助阿里巴巴获得高盛等四家海外一流基金公司高达500万美元的投资，如图4-14所示。这笔融资解决了阿里巴巴的财务危机，并成功将其推向海外市场。

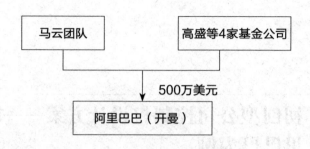

图4-14　阿里巴巴第一轮融资结构

2000年，阿里巴巴进行第二轮融资，包括软银、富达、汇亚资本在内的6家投资公司共投资2500万美元。其中，软银的投资为2000万美元。当时，软银创始人孙正义希望投资3000万美元以获得阿里巴巴30%的股份，但经过一番谈判，阿里巴巴最终接受了软银2000万美元的投资，这样，阿里巴巴的管理团队保留了绝对控制权，如图4-15所示。

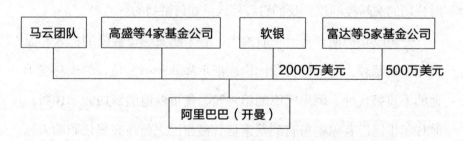

图4-15　阿里巴巴第二轮融资结构

2004年，阿里巴巴进行第三轮融资，获得8200万美元的投资，其中软银出资6000万美元。马云及其创始团队仍是阿里巴巴的最大股东，占股47%；第二大股东是软银，占股20%，如图4-16所示。

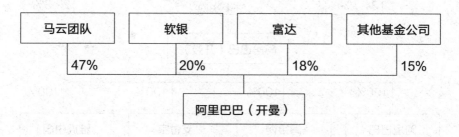

图4-16 阿里巴巴第三轮融资结构

2005年，阿里巴巴进行第四轮融资，雅虎以10亿美元及其在中国的全部资产换取了阿里巴巴39% 的股份。这笔交易为阿里巴巴提供了强大的资金支持。得益于这笔资金，淘宝网和支付宝发展迅速，并成功抵御了2008年的金融危机。然而，马云和他的创始团队在这笔交易中放弃了阿里巴巴第一大股东的地位。不过，在第四轮融资中，雅虎在获得阿里巴巴39% 股份的同时，需要将5%的投票权委托给马云及其创始团队（马云及其创始团队的投票权由31.7%增加为36.7%），直至2010年10月。阿里巴巴第四轮融资结构如图4-17所示。双方约定，在2010年10月之后，雅虎可以在董事会中占据两个席位（此前，阿里巴巴董事会由4名董事组成，马云及其创始团队占据2个席位，雅虎和软银各占据1个席位），并且董事会在2010年10月之前不能解除马云的阿里巴巴首席执行官这一职务。

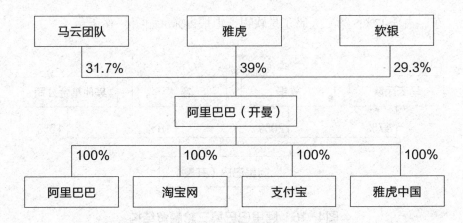

图4-17 阿里巴巴第四轮融资结构

2007年，阿里巴巴在香港联合交易所正式上市，融资15亿美元，共发行了8.59亿股，占已发行总股数的17%。按照当时的收盘价计算，阿里巴巴的市值接近280亿美元，成为中国市值最大的互联网公司。阿里巴巴由此进入马云、软银和雅虎时代，如图4-18所示。

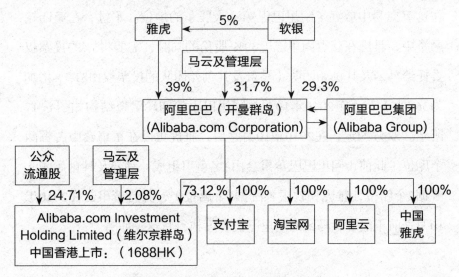

图4-18 阿里巴巴第五轮融资结构

阿里巴巴保护公司控制权成功的原因可归纳为以下5点。

（1）阿里巴巴在上市前进行了多轮融资，形成了复杂的股东结构。在这个结构中，马云有权通过阿里巴巴合伙人制度任命公司董事会成员。阿里巴巴的合伙人由公司创始人和高管组成，可以通过选举和任命决定公司的重要事务。在这种结构下，即使阿里巴巴上市后，马云仍可通过任命其亲信进入董事会，继续掌握公司的决策权。

（2）阿里巴巴的股权结构非常复杂。阿里巴巴在香港上市，但实际控制权掌握在阿里巴巴的合作伙伴手中。在阿里巴巴的股权结构中，阿里巴巴持有蚂蚁金服集团33%的股份，而蚂蚁金服集团则通过子公司持有阿里巴巴的股份。由于有了这种复杂的股权结构，马云和阿里巴巴的合伙人仍能保持对公司的有效控制。

（3）阿里巴巴采取了一系列措施确保不会失去实际控制权。例如，公司在董事会中设立了一个特别委员会，由阿里巴巴的合伙人担任。该委员会负责制定公司的战略和决策，并拥有公司重大事项的决策权。

（4）阿里巴巴通过一致行动人协议控制公司的决策权和投票权。在阿里巴巴的股权结构中，软银占31.8%，雅虎占15.3%，阿里巴巴合伙人占13%，马云占7.6%。按照一致行动人协议，软银将超过30%的投票权交给马云，而在这30%的投票权范围内，软银必须支持阿里巴巴的合伙人提名的董事候选人。雅虎也将其股份的投票权交由马云代理。

（5）根据公司章程，以马云为首的公司34名股东有权任命董事会的多数成员，有权对董事会进行提名，可以任命董事会半数以上的成员，所做的决定只有获得95%以上的股东投票后才能实施。

通过以上几方面的设计，马云牢牢掌握了对阿里巴巴的实际控制权。

第 5 章

成熟型公司的
控制权设计案例

公司不断发展，逐渐步入成熟期，财务状况稳健，员工相对稳定，经营风险处于公司生命周期中的最低点，此时创始人持股可以不超过1/3。在经历了初创期和成长期控制权的剧烈变革后，成熟型公司的控制权相对比较稳定。创始人在公司中享有很高的声望，财富的积累也使得公司进一步扩张的动力减小。

这一时期，公司的规模相对稳定，在市场上已经形成一定影响力，因此，重中之重是保证创始人在公司控制权方面的稳定性，保证公司战略方向的稳定性。另外，此时公司的组织机构相对复杂、臃肿，存在官僚主义或员工不出力的现象，需要充分释放下层的股权，调动各级新老员工的积极性，充分激发团队的活力。

5.1　成熟型公司控制权特征

　　成熟型公司控制权的特征是股权和控制权分离。在成长期，公司面临着扩张压力带来的资金短缺问题，创始人只有不断地让渡股权来吸引外部投资者，这造成了创始人股权被稀释、公司控制权相对分散的局面。控制权分散自然会威胁到创始人在公司的核心利益，有些创始人甚至被迫离开公司。面对股权稀释的状况，核心创始人通常会采取某些措施来确保其对公司的核心控制权，而采取这些措施的前提便是股权和控制权分离（如图5-1所示）。既然股权集中和控制权集中两者存在矛盾，创始人只要掌握住绝对控制权便可应对相对股权带来的威胁。具体做法是创始人将股权让渡给其他股东，其他股东获得投资收益权，其他股东将投票权分离出来交给创始人，创始人获得控制权。具体方案包括AB股模式、一致行动人协议、有限合伙企业及股权架构、一票否决权等。

图5-1 确保核心控制权的前提

➡ 5.1.1 采用AB股模式

AB股模式，即股份分为A类股和B类股两个系列：向外部投资者发行的A类股，每股拥有1票投票权；管理层持有的B类股，每股拥有N票（通常为10票）投票权。A类股和B类股说明见表5-1。

表5-1 A类股和B类股说明

股票类别	说明
A类股	向外部投资者发行的A类股，每股拥有1票表决权
B类股	管理层持有的B类股，每股拥有N票表决权

据京东2021年年度财务报告显示，2021年12月31日，刘强东直接及通过两家持股平台公司间接持有京东A类股0.2517亿股，B类股4.0801亿股，合计4.3318亿股，只占京东全部股份数量的13.8%。A类股和B类股的投票权不同：每股A类股拥有1票投票权，而每股B类股拥有20票投票权。刘强东持有的4.0801亿股B类股，加上控制的FORTUNE RISING公司持有的京东1987万股B类股，其拥有的京东投票权的比例高达76.1%，对公司拥有绝对控制权。2022年6月17日，刘强东卖出了共计900万股京东A类股，套现2.79亿美元。虽

然刘强东因为出售部分A类股失去了部分投票权，但他仍持有京东75.5%的投票权，这意味着他仍牢牢掌握着京东的绝对控制权。这就是"同股不同权"制度的魅力所在，创始人即便在套现后仍能保持对公司的实际控制权。

AB股权结构设计也被称为"牛卡计划"，百度在线网络技术（北京）有限公司（以下简称百度）在赴美上市IPO招股说明书中设置了双重投票权的股权股票——A类股每股只有1票投票权，而B类股每股有10票投票权，只有李彦宏等百度创始人能够持有B类股。当B类股被出售时，即从B类股转换为A类股，投票权降至原来的1/10。百度"牛卡计划"展示了AB股权结构的另一个优势：防止恶意并购。2005年，谷歌公司雄心勃勃地称霸中国市场，它的战略是收购或控股百度。百度为了应对谷歌公司的收购，设计了"牛卡计划"，即在美国纳斯达克交易所新发行的股票为A类股，每股只有1票投票权，而所有原始股票均为B类股，每股有10票投票权，且B类股一旦被转让，将立即转为同等数量的A类股。

小米科技采用了AB股模式。根据小米科技的招股说明书，小米科技采用AB股权结构，每股A类股拥有1票投票权，每股B类股拥有10票投票权。根据AB股权结构，雷军所持有的小米科技31.41%的股份，由20.51%的A类股和10.9%的B类股组成，雷军的投票权达到55.7%，再加上2.2%的代理投票权，雷军实际拥有公司57.9%的投票权。林斌所持有的小米科技13.33%的股份，由11.46%的A类股和1.87%的B类股组成，按照A类股的投票规则，林斌拥有公司30%的投票权。这样，雷军的创始团队就拥有公司87.9%的投票权，可以决定公司重大和一般问题。雷军的创始团队投票权组成如图5-2所示。

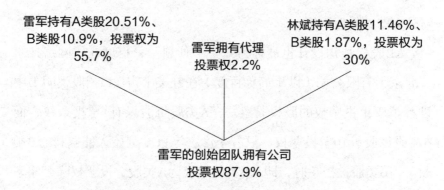

雷军持有A类股20.51%、B类股10.9%，投票权为55.7%

雷军拥有代理投票权2.2%

林斌持有A类股11.46%、B类股1.87%，投票权为30%

雷军的创始团队拥有公司投票权87.9%

图5-2　雷军的创始团队投票权组成

同股不同权制度最重要的作用之一是允许创始人或大股东在持有少量股份的情况下也能够拥有对公司的有效控制权。同股不同权有助于确保公司的战略和决策受创始人或大股东的指导和影响，确保创始人拥有对公司的控制权，而不必担心在从资本市场吸引外部投资和融资的过程中失去对公司的控制权。

➡ 5.1.2　一致行动人协议

一致行动人协议指的是各方就特定事项承诺做出意思表示的协议，通常由多个投资者或股东共同签署，以扩大共同的表决权数量，以增强控制权、话语权，巩固其在公司决策中的影响力。当公司没有控股股东和实际控制人时，主要股东可与其他股东签订一致行动人协议，以确保对公司的控制权。公司股东签署一致行动人协议，相当于在公司股东大会之外设立了一个有法律保障的"小股东会"。每当股东大会进行表决或执行协议时，有关各方可以将"小股东会"决定的结果作为各方决定的最终结果进行讨论，在股东大会上对该结果进行表决，决定是否执行该事项。简单地说，就是签署一致行动人协议的各方抱团对外。如果有人不按协议行事，根据一致行动协议的条款，他会受到制裁。制裁可以是法律允许的任何形式，如罚款、赔偿股份等。一致行动人结构及模式要点如图5-3、图5-4所示。

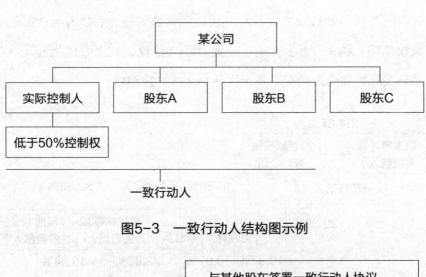

图5-3　一致行动人结构图示例

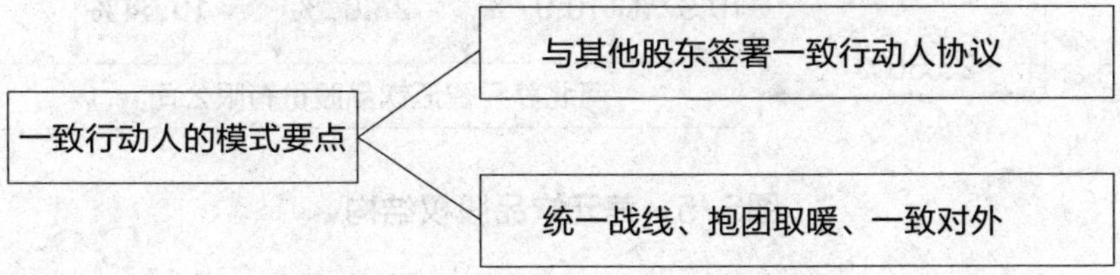

图5-4　一致行动人模式的要点

以河北养元智汇饮品股份有限公司（以下简称养元饮品）为例，对一致行动人协议进行说明。养元饮品成立于1997年，2005年之前为国有企业。2005年12月，养元饮品被以姚奎章为核心的58名员工收购，公司第一大股东姚奎章持股比例仅占23.36%，未能获得绝对控制权。雅智顺投资有限公司（以下简称雅智顺）是养元饮品的第二大股东，持有20.39%的股份。如果雅智顺联合其他股东，则可以在一定程度上对姚奎章造成控制权威胁。姚奎章应对这一潜在控制权威胁的方式便是采取一致行动人协议。2016年6月6日，雅智顺召开临时股东大会，会议通过并签署了《姚奎章先生与雅智顺投资有限公司一致行动协议》。一致行动人协议签署后，养元饮品的股权结构如图5-5所示。通过一致行动人协议，姚奎章成为养元饮品的实际控制人，拥有了养元饮品43.75%的控制权。

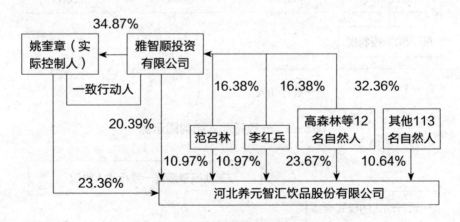

图5-5　养元饮品股权结构

再如，2015年1月，厦门佳创科技股份有限公司（以下简称佳创

科技）的公开转让说明书显示，截至公开转让说明书签署之日，岱
朝晖持有佳创科技28.75%的股份，陈建杰持有佳创科技9.75%的股
份，关光周持有佳创科技8.13%的股份，王金城持有佳创科技8.13%
的股份，颜财滨持有佳创科技6.72%的股份，关光齐持有佳创科技
6.25%的股份，颜蓉蓉持有佳创科技5.50%的股份，其他12位股东共计
持有佳创科技26.77%的股份，如图5-6所示。任何单独股东持有的股
份均未超过总股本的30%，均无法决定董事会多数席位，均不能单独
对佳创科技的决策形成决定性影响。因此，佳创科技不存在拥有绝对
控制权的股东。为保持对佳创科技的控制权，确保控制权的稳定性和
重大决策的一致性，岱朝晖、陈建杰、关光周、王金城、颜蓉蓉5人
于2014年10月26日签署了一致行动人协议。虽然岱朝晖在佳创科技的
持股比例不足30%，但通过与其他4位股东签署一致行动人协议，其
共同持有佳创科技60.26%的股份，从而确保了对公司的控制权。

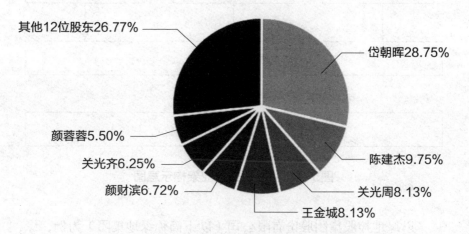

图5-6　2014年前三季度佳创科技股权结构

→ 5.1.3 有限合伙企业及股权架构

有限合伙企业在中国是一种比较新的企业形式，其特点是出资权和决策权分离。有限合伙企业的合伙人分为普通合伙人（GP）和有限合伙人（LP）。普通合伙人执行合伙事务，承担管理职能，而有限合伙人只是出资方，不参与企业管理。在合伙企业中，普通合伙人对合伙企业的债务承担无限连带责任，有限合伙人对合伙企业的债务以出资额为限承担责任。在有限合伙企业中，股东不是直接持股拟设立的核心公司，而是先由股东搭建有限合伙企业作为持股平台，再由该有限合伙企业持有核心公司，即股东间接持有核心公司，如图5-7所示。

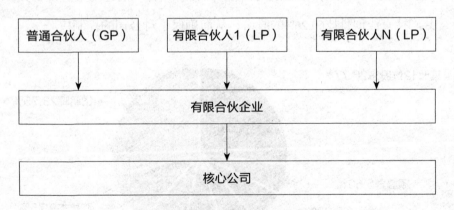

图5-7　有限合伙企业架构示意图

以绿地控股集团股份有限公司（以下简称绿地集团）为例，绿地集团的创始人张玉良先是成立了一家注册资本10万元的投资公司，自己是该公司的大股东。他又成立了32家有限合伙企业，将投资公司作为普通合伙人，象征性地向每家合伙企业出资1000元，占股0.1%，却拥有100%的话语权，其余99.9%的股份则是向员工融资，由员工充当有限合伙人，员工只有分红权而无决策权。之后，张玉良将投资公司作为普通合伙人，将32家合伙企业作为有限合伙人，将它们共同组成一个大的合伙企业，然后用它来控股绿地集团。通过层层杠杆控制，张玉良最终达到以10万元控制价值665亿元绿地集团的目的。

同样将有限合伙企业股权架构玩出新高度的还有马云。

2020年，蚂蚁科技集团股份有限公司（以下简称蚂蚁金服）前两大股东分别是杭州君瀚股权投资合伙企业和杭州君澳股权投资合伙企业，它们在蚂蚁金服中的股份占比分别为42.28%、34.15%。马云用个人100%占股的杭州云铂投资咨询有限公司（以下简称云铂投资），注册资本1010万元，直接持有蚂蚁金服0.47%的股份，同时在杭州君瀚股权投资合伙企业和杭州君澳股权投资合伙企业都担任了普通合伙人，分别占股1.87%和0.045%。这样，马云在蚂蚁金服的股份一共只有0.985%，却拥有了76.9%的决策权。可以说，2020年估值1.3万亿元的蚂蚁金服就是马云一人控制的"小金库"，而且他只需要承担1010万元的责任。2020年蚂蚁金服股权架构如图5-8所示。

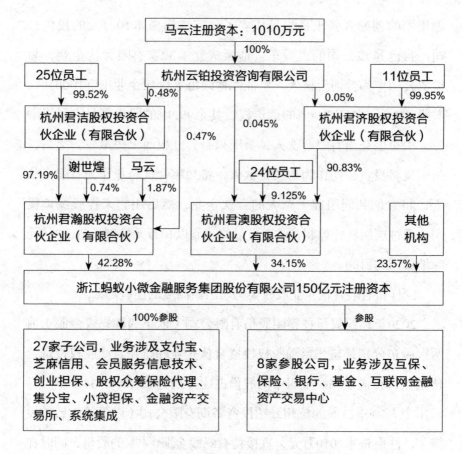

图5-8　2020年蚂蚁金服股权架构

➡ 5.1.4　一票否决权

《公司法》第二百三十条规定："……修改公司章程或者经股东会决议，有限责任公司须经持有三分之二以上表决权的股东通过，股份有限公司须经出席股东会会议的股东所持表决权的三分之二以上通过。"而一票否决权就是在此基础上产生的，可以将重大事项延伸，如公司重大的对外投资、分红，公司的预算、决算，重大的人事任免，公司的股权激励计划、上市计划，公司董事会的席位改变、董事会成员的任免等，创始股东都可以行使一票否决权，在未掌握公司绝对控制权的情形下，对以上的重大事项进行绝对控制。

例如，2024年，马云不再100%持股云铂投资，但作为云铂投资的第一大股东，他仍持有云铂投资34%的股份，拥有一票否决权，从而在非绝对控制权的情况下实现对云铂投资各项决策的控制。

5.2 成熟型公司的控制权风险

不同的公司进入成熟期后，会呈现出不同特点，也会面临不同的风险。公司进入成熟期后，经营风险降低，财务状况稳健，人员队伍相对稳定，进入"岁月静好期"；同时，也会存在大股东为了加强自己的控制权，或为了自身利益而侵害公司团队和员工权益的风险，比如山东山水水泥集团有限公司（以下简称山水水泥）的创始人被赶出事件。

山水水泥原实际控制人张才奎掌控公司20多年，曾在山水水泥说一不二，为山水水泥的发展壮大做出很大贡献，其被驱逐出山水水泥，实在让人唏嘘。张才奎是因何走到这一步的？

事件的导火索是张才奎于2013年11月份推出的两份退股方案。山水水泥是由地方国有企业改制而来的，注册地为开曼群岛，原由职工持股平台中国山水投资有限公司（以下简称山水投资）控制。山水投资的注册地是香港，张才奎直接持股和代员工持股共计81.74%的股份，其余18.26%的股份由7名小股东（均为山水水泥前高管）持有。

表面上看，虽然张才奎持有山水投资高达81.74%的股份，但实际上这些股份中只有13.18%的股份属于他自己，其他股份均为其以"酌情信托"的方式代3939名员工持有。山水投资股权结构如图5-9所示。

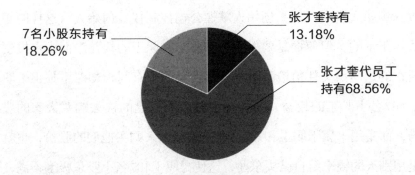

图5-9　山水投资股权结构

由于山水投资的股权过于分散，控制权存在较大风险，在公司进入稳定发展的成熟期后，张才奎产生将股权集中的想法。2013年11月，张才奎展开了集中股权行动。山水投资公布了分别针对3939名不具名职工股东和7名小股东的两份文件（即退股方案）。这两份文件的主旨就是让3939名职工股东和7名小股东全部退出，股东只留下张才奎1人。这两份文件的主要内容为：职工股变现分为3期，共30年，变现的价值取决于山东水泥的股价，第1期打八折，第2期打九折，第3期不打折，所有股份变现的资金来源于山水水泥取得的年度分红，职工同意变现后就不能再获得分红，这就等于职工要用自己的分红买自己的股票。这两份文件引发数千名职工反对，最终退股方案流产。

虽然退股方案被推翻了，但该事件对职工及小股东造成了不可弥补的创伤，张才奎与职工及7名小股东的关系由"战友"变成了"敌人"。该事件成为张才奎被赶出山水投资的铺垫。

山水投资公布两份文件的用意是将原属于职工和小股东的股份收入创始人囊中，便于创始人掌握公司控制权。创始人有这样的想法是正常的，但前提是要保障中小股东和职工的权益。而山水投资公布的这两份文件恰恰是对张才奎自己非常有利，却严重损害了职工和7名小股东的权益。张才奎没打算用自己的钱去购买大家的股份，而是用本属于职工和7名小股东的分红来购买他们的股份，也就是用别人的钱来给自己买东西，这使得职工和7名小股东极度不满，走上维权之路。公司创始人失去了民心，两败俱伤。

成熟型公司的控股股东容易产生自满、骄纵等过度自信的情绪，同时因为不再面临资金短缺的窘境，于是对初创期和成长期的合作伙伴或员工产生防备心态，试图通过集中股权来巩固自己在公司的控制地位。像张才奎这样为私利而打破公司控制权格局的做法，是不尊重公司发展历史和事实、妄自尊大的表现，使得公司控制权产生巨大风险。

5.3 成熟型公司控制权设计方案——以腾讯为例

经历了初创期和成长期的动荡后，公司进入成熟期，其控制权基本稳定，创始人团队和外来股东之间的合作从最初的相互试探步入了彼此信任的"岁月静好期"。但成熟型公司的控制权设计方案不是一蹴而就的，其背后的历程值得探究和借鉴。

深圳市腾讯计算机系统有限公司（以下简称腾讯），成立于1998年，创始团队成员包括马化腾在内一共5人。创立初期，腾讯只是一家合伙制企业，股权结构简单，如图5-10所示。马化腾作为公司核心创始人，并未持有超过半数的股权。之所以这样设计股权结构，原因在于防止公司决策僵化、促进团队协作、方便人才引进，也为后续公司融资扩股奠定基础。

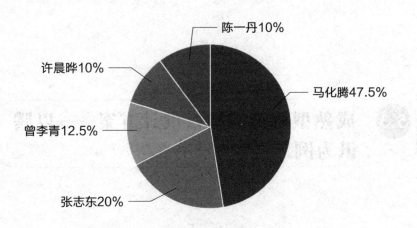

陈一丹10%

许晨晔10%

马化腾47.5%

曾李青12.5%

张志东20%

图5-10　1998年初创期腾讯的股权结构

　　2004年，腾讯在香港联合交易所主板上市，此时的股权结构如图5-11所示。腾讯于2001年引入米拉德国际控股集团公司（MIH）作为财务投资人，2004年腾讯上市时，MIH持有腾讯37.5%的股份，以马化腾为首的腾讯管理团队合计持有相同的股份。腾讯突破了成长期的融资困境，进入了快速发展轨道。这一股权结构的设计颇有玄机。一方面，腾讯的管理团队与第一大股东MIH持股比例相同，均超过34%，可以相互制衡；另一方面，腾讯的管理团队稳定中有所扩大，5名创始人仍然位列团队主要管理职位，同时也引进了7位新的高管持股。这证明马化腾在初创期的股权结构设计确实高瞻远瞩，这样设计有利于腾讯的快速扩张和利益的均衡分配。

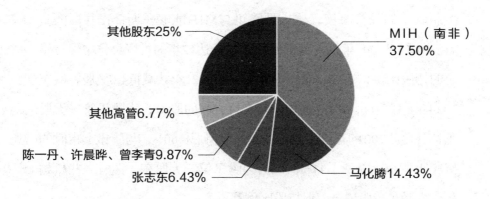

图5-11　2004年腾讯上市时的股权结构

　　腾讯上市后业绩斐然，业务范围涉及通信、社交、游戏、云计算、广告、金融科技等互联网产业。同时，它在资本市场的表现也令投资人青睐有加。2008年，腾讯成为香港恒生指数成分股之一；2011年，腾讯获标准普尔BBB+评级和穆迪Baa1评级；2013年，腾讯成为全球收入最高的游戏开发商和运营商；2018年，腾讯旗下的腾讯音乐娱乐集团在美国纽约证券交易所上市；2023年，腾讯启动港币—人民币双柜台模式。2024年，在全球市值100强上市公司排行榜中，腾讯的市值排名第14位。

　　经过二十多年的发展，腾讯已经成长为中国乃至全球知名的企业之一，从收入规模、增长的稳定性、业务涵盖领域看，腾讯都已经是一家处于成熟期的公司了。近年来，腾讯的控制权设计又发生了一些变化。

　　MIH作为财务投资人放弃了投票权，腾讯创始人团队能够完全控制腾讯的经营决策，这也是腾讯与MIH能够长期合作共赢的基石。MIH自2001年投资腾讯伊始，在长达17年的投资合作中保持稳定的持股比例，于2018年首次减持，至2022年共减持4.6亿股，截至2024年6月30日，MIH仍持有腾讯24.43%的股份，为腾讯第一大股东；马化腾2021年持股8.38%，2024年持股8.60%，与腾讯上市时的持股比例相比降低了41%，但仍为腾讯第二大股东。还有一些机构和个人股东持股腾讯，但持股比例都不高。

腾讯最新的控制权格局有利于吸引资本和人才，均衡利益分配，这表明马化腾对腾讯稳定发展的乐观态度。虽然马化腾的持股比例与第一大股东MIH相比相差很大，但双方长期合作形成的控制权格局使得马化腾仍然能够牢牢把控腾讯的控制权。马化腾是一位高瞻远瞩、临危不乱的企业家，在公司的成熟期仍然能保持低水平的持股比例，足见其对腾讯继续做大、做强的决心和信心。

第 6 章

家族企业的
控制权设计案例

家族企业就是指资本或股份主要控制在一个家族手中，家族成员担任企业的主要领导职务的企业。家族企业可以分为三类。

第一类为纯粹的家族企业。这类家族企业从老板到管理者再到员工，全都是一家人，规模较小，俗称作坊。

第二类为传统的家族企业。这类家族企业由家族长控制大权，关键岗位基本由家族成员担当，外来人员只能处于非重要岗位。

第三类为现代的家族企业。这类家族企业是家族持有所有权，而将经营权交给有能力的家族成员或非家族成员。也就是说，家族持有所有权、股权，但是经营权不一定是家族成员。这类家族企业长存的前提就是所有权和经营权必须剥离。

家族企业控制权特征

在传统的家族企业，所有权或大部分股权集中在个人、家庭或家族手中，形成了绝对的集中控制。现代的家族企业经历了股份制改造，股权结构趋于分散，家族失去了绝对控制地位，但通过金字塔式控股等方式仍继续控制企业的实际运营。现代家族企业呈现低所有权和高控制权结构特征，即使在公开发行股票和上市之后，家族成员仍然掌握着对企业的绝对控制权。

我国上市家族企业控制权主要具有以下两个特征。

1. 家族色彩浓厚

控股家族的家族成员不仅进入上市公司的董事会、监事会行使控制权，而且在管理层中也有很大的控制权，外部职业经理人难以充分掌握管理层的权力，导致所有权与经营权很大程度上有所重合。

2. 金字塔式控股是控制权增长的主要方式

金字塔式控股结构指公司实际控制人通过间接持股形成金字塔

式的控制链，实现对公司的控制。在这种方式下，公司控制权人控制第一层公司，第一层公司再控制第二层公司，以此类推，通过多个层级的控制链条取得对目标公司的最终控制权，如图6-1所示。这种控股方式可以实现融资放大，当实际控制者拥有许多控制其他公司的链条时，就有可能以较少的初始资本控制更多的财富，还可以牢牢地控制公司。也就是说，实际控制人虽然投入的资金非常有限，却能够通过每个链条实现控制权和现金流分离，从而控制整个公司。

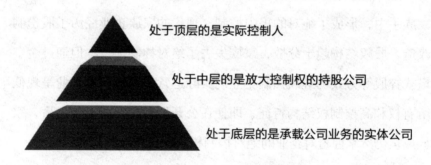

图6-1 金字塔股权架构示意图

通过家族企业与国有企业的对比，可以了解家族企业控制权的特殊性。

1. 股东控制权的协同性质不同

家族企业的资本往往集中在多个家族成员手中，并通过实际控制人进行控制，具有很强的协同性。国美电器有限公司（以下简称国美电器）就是一个典型的家族企业。黄光裕夫妇持有较多股份，是国美电器的实际控制人，掌握国美电器的控制权。创始人黄光裕因挪用公款和非法经营被判刑入狱。在狱中，黄光裕通过妻子、经理等人，将自己的治理理念渗透到公司管理中，继续掌握公司控制权。而国有企业只能通过持股来掌握公司控制权，股东之间的协同作用较小。

2. 控制公司的方式不同

家族企业结合了契约关系和血缘、亲属、情感关系，更倾向于让家族成员管理公司。家族成员具有的亲密关系能够加强实际控制人对家族企业的控制。而国有企业管理人员的任用具有完善的晋升机制，考核指标明确，任职关键岗位的门槛较高。

3. 控制的动机多种多样

家族企业的实际控制人和家族成员有着深厚的感情，他们之所以控制公司，往往主观上想要家族企业向好发展，并通过家族企业的发展壮大提高自身的利益。而国有企业由于要履行其他社会义务，控制动机往往不局限于公司的效益，还包括对国家经济命脉的控制和对社会公共需求的保护。

6.2 家族企业的控制权风险

在商界的长河中，家族企业如同一艘承载着家族梦想与荣耀的巨轮，穿越了时间的风浪，见证了无数代人的努力与传承。然而，在这艘巨轮稳步前行的同时，一个不可忽视的暗流——家族企业控制权风险，正悄然影响着它的航向。

家族企业不仅是一个商业实体，更是家族情感与价值传承的载体。在这里，亲情与事业紧密相连，每一代人都肩负着将家族荣光发扬光大的使命。家族企业的成功往往凝聚着几代人的心血与智慧，是家族文化、商业智慧和社会资源的完美结合。

然而，随着家族企业规模的扩大和代际传承的推进，控制权问题逐渐成为悬在头顶的一把达摩克利斯之剑。家族企业不仅涉及股权分配的问题，更涉及家族成员间情感、信任与责任的复杂博弈。

1. 内部纷争的温床

家族成员之间因经营理念、利益分配等方面的分歧，往往容易引发内部矛盾。这些矛盾若得不到妥善解决，就会升级为控制权争夺战，严重影响公司的正常运营和家族的和谐。

2. 外部势力的窥视

家族企业作为一块"肥肉"，自然也逃不过外部资本和竞争对手的窥视。在家族内部出现裂痕时，外部势力往往会乘虚而入，试图通过收购股权、高薪挖角等方式，逐步侵蚀甚至夺取家族企业的控制权。

3. 代际传承的考验

代际传承是家族企业面临的又一重大挑战。如何在保持家族传统与价值观的同时，培养出能够胜任新时代挑战的接班人，是每一个家族企业都必须面对的问题。如果接班人能力不足或家族内部对接班人的人选存在争议，就有可能导致控制权的动荡。

以中国汇源果汁集团有限公司（以下简称汇源果汁）为例。"汇源果汁"曾是果汁的代名词，是中国家庭餐桌上的"标配"，是许多人的童年记忆。2007年，汇源果汁在香港上市，创造了当年港交所最大规模IPO纪录。但上市即顶峰，之后的10年，汇源果汁走的都是下坡路。2009年，汇源果汁想卖身于可口可乐，但由于该收购案涉嫌垄断被叫停。2009年至2016年，汇源果汁扣除非经常性损益后的净亏损累计达25亿元；2017年，汇源果汁负债达114亿元，总收入不足54亿元。从2018年4月3日开始，汇源果汁进入3年停牌期。

汇源果汁沦落到如此地步，具体原因及存在的问题有如下几点（如图6-2所示）。

1. 控制环境欠佳

（1）股权结构不合理。股权结构单一是大多数家族企业的共同特征，主要表现为公司资本掌握在大多数所有者及其家族成员手中，股权结构呈现出单一封闭和集中的特点。家族企业的董事长拥有绝对权威，董事会制度几乎不存在。在家族企业建立初期，其管理方法和企业文化确实能调动企业成员的极大积极性，所有权和控制权高度统一给企业带来巨大利益，促进企业发展。但从长远来看，高度集中的股权结构会导致内部控制制度失灵，企业内部组织结构失衡，无法实现相互制衡和潜在制约。在汇源果汁，朱新礼作为公司的创始人，自始至终一股独大，掌握着绝大多数的控制权，造成了汇源果汁内部组织结构不完善和失衡。表6-1为2016年汇源果汁股权结构。

表6-1　2016年汇源果汁股权结构

董事名称	个人权益	公司权益	其他权益	股份数量	占本公司已发行股本百分比
朱新礼	——	1737342985	—	1737342985	65.03%
关淼	—	224997501	—	224997501	8.42%
梁民杰	150000	—	—	150000	0.01%
宋全厚	150000	—	—	150000	0.01%
赵亚利	150000	—	—	150000	0.01%

资料来源：汇源果汁2016年年报。

（2）人力资源结构不合理。大多数家族企业借助亲缘关系来管理公司，对外来者存在一定程度的排外心理，认为这样可以增强家族内部的力量，使大家朝着一个目标前进，促进公司的发展。从长远来看，这种以亲情为基础的人才任用制度会使家族企业失去使用外部优秀人才的机会，其结果是公司的人力资源发展受到限制，跟不上公司的发展速度，对家族企业自身的发展有弊而无利。作为典型的家族式企业，汇源果汁的人力资源主要基于亲缘关系，实行系统的人力资源管理制度，这就造成了人力资源的不合理性，以致公司在人事分配和分工上出现了混乱。2013年，朱新礼找到李锦记的原总裁苏盈福，让其出任公司的职业经理人，对汇源果汁进行"去家族化"，希望其能够将汇源果汁的企业制度改造为现代企业制度。但是，仅靠一个职业经理人并不能改变什么。要想真正进行并实现企业制度改革，必须改善家族企业的人力资源结构，建立完善的内部控制制度。

（3）决策控制机制不科学。在股东结构不合理的情况下，大股东持有大量股份，因此大股东往往掌握着公司的决策权。家族企业往往通过增加家族成员的权利来弱化非家族成员在管理层中的作用，使其不能充分行使自己的权利。在家族企业管理的初始阶段，这种做法可以有效降低经营风险，但从长远来看，决策权过度集中会带来负面影响：公司的决策过程实际上就是"家长"个人决策过程，缺乏严肃性、公正性，容易出现贪污受贿、信任危机，严重影响公司的日常工作效率和员工的工作环境。

汇源果汁很多关键性的决定最终只由董事长朱新礼一个人说了算，其他非家族成员无权直接否定，只能接受，这就使得决策机制形同虚设，所做出的决策缺乏客观性和公正性。

2. 风险评估体系不完善

风险评估包括风险识别和风险分析两个过程。家族企业在发展过程中，随着公司规模的不断扩大，不确定因素不断增多，面临的风险也逐渐增多，但家族企业普遍缺乏风险评估和防御机制。

汇源果汁没有建立相对完善的风险评估和风险控制体系，导致抗风险能力相对较弱，在面临重大风险时容易出现危机。汇源果汁在2010年发生上市后的第一次重大亏损事件，根本原因正是缺乏风险评估与风险管理机制，这也为汇源果汁2017年的财务危机埋下了隐患。

3. 控制活动执行不力

所谓控制活动，就是通过风险评估，管理者制定一套政策和程序将风险控制在可接受的范围。控制活动是内部控制的重要组成部分，旨在确保公司目标的实现，同时保证公司运营的效率和效果。

家族企业的治理结构导致一个家族成员同时担任多家企业重要管理职务的情况时有发生。所有权和控制权高度统一导致企业所有者不愿意下放权力以实行职能分工。目前我国大多数家族企业没有完善的绩效监控体系，缺乏绩效评价标准，考核的激励作用不能很好地体现。此外，家族企业在授权审批方面的控制力也不强，往往无法进行有效监督。

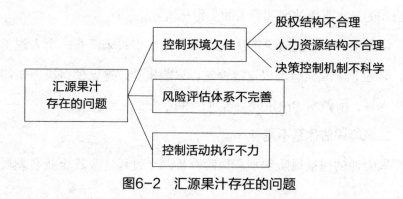

图6-2　汇源果汁存在的问题

面对控制权风险，汇源果汁并非只能坐以待毙。首先，公司要加强内部管理，确保各个利益方之间的沟通和协作顺畅；制定清晰、可行的战略规划，让所有股东都能看到公司未来的发展方向和前景。其次，公司可以考虑引入外部投资者或者合作伙伴来分担风险、共享收益。当然，在选择合作伙伴的时候，要谨慎考虑对方的实力和信誉等因素，以免引狼入室、雪上加霜。最后，公司要保持与消费者的紧密联系和良好沟通。因为无论控制权如何变化，最终决定公司命运的还是市场和消费者。只有不断满足消费者的需求，提升产品的品质和服务水平，才能赢得市场的认可和信任。

总的来说，家族企业的控制权风险的解决过程往往复杂而艰难，但只要公司坚定信心，积极应对，不断创新和改进，就一定能够渡过难关。"变则生，不变则亡"的道理永远都适用。

6.3 成熟的家族企业的控制权设计方案——以方太集团为例

家族企业的股权结构设计不容忽视。事实上,一旦股权结构设计不当,不仅可能导致家族企业的创始人失去对企业的控制权,还可能导致家族成员发生内讧,企业失去原有的核心竞争力,甚至亲人间出现法律纠纷,从原来的"血浓于水"到"水火不容"。家族企业要想一直兴旺发达、蒸蒸日上,股权分配和处置是极为关键的一步,这关乎家族企业能否基业长青。

方太集团是典型的家族企业之一。茅理翔和儿子茅忠群共同创建了方太集团,正式明确了家族企业的产权,专攻吸油烟机,很快打开了市场。如今,方太集团作为一家从事厨房电器和集成灶技术与产品研发、生产和销售的专业制造商,已成功打入全球厨卫市场,成为中国领先的厨卫电器制造商之一。方太集团现在由茅忠群管理。茅理翔则周游世界、著书讲学,做着自己喜欢的事情。

茅理翔对方太集团的股权结构和内部管理的解读是"坚持家族

所有，淡化家族管理，将现代企业制度嫁接到家族企业上"。

首先，在股权结构上，方太集团是百分之百的家族企业。茅理翔有一儿一女，女儿目前拥有公司14%的股份，其余股份由茅理翔的妻子和儿子持有。一方面，方太集团的股权由家族绝对集中和控制，掌握着公司的人、财、物以及产、供、销的决策权；另一方面，公司的领导层和管理层不再允许从茅氏家族中产生，全部通过招聘从外部引进。公司的组织结构是事业部制，完全按照股份制公司的管理模式运作，公司的主要领导（包括总经理助理）全部由外聘人员担任，他们大多有合资企业和国有企业的工作经验。

其次，在家族企业的接班人问题上，方太集团的做法颇具传统和特色。方太集团成立之初，茅理翔将总经理一职交给儿子茅忠群，自己则处于辅助地位，并尊重茅忠群的决策权。一个典型的例子就是接受了茅忠群关于更改公司名称的建议。茅忠群认为，一个有创意的名字更有利于公司的发展。茅理翔尊重茅忠群的建议，将公司名称改为"方太集团"。另外，生产吸油烟机是茅忠群的决定，请香港著名烹饪节目主持人为方太品牌做广告也是茅忠群提出来的，茅理翔都给予了支持，最后取得了成功。

方太集团之所以成功，原因有以下两方面。

第一，茅理翔充分认识到了股权和控制权分离的好处。坚持家族成员掌握全部股权，能够有效降低家族企业在发展壮大过程中因为引入其他投资人而导致股权逐渐分散的风险。如果家族企业因为家庭纠纷而不再团结，家族对公司控制权将会逐渐减弱，加之外部股东的觊觎，家族甚至会失去对公司的控制权。而做到股权和控制权分离，公司的管理层和领导层全部由外部经理人担任，能够有效避免家族成员因管理、经营意见不统一而产生纠纷。聘请外部有经验的职业经理人，可以将合资企业和国有企业优秀先进的管理体制和经营体制有效地运用到家族企业中，从而使家族企业紧跟社会发展的步伐。

第二，茅理翔是个非常有头脑、顺应时代发展的人。茅理翔和其子茅忠群这两代人由于成长背景不同必然存在代沟。一般而言，家族企业的创始人更为保守，他们奉行守成思想，努力把企业掌控在家族手中。而家族企业的二代掌门人则更富有冒险意识。茅理翔不同于其他家族企业的创始人，他能顺应时代变迁，及时转换思想，敢于让儿子茅忠群进行决策，这样的思想也是方太集团能够成功的关键。

方太集团作为中国高端厨房电器的领导者，不仅在产品研发和技术创新上引领行业，还在企业管理尤其是控制权设计上独树一帜。其独特的控制权设计方案深度融合了儒家思想与现代企业管理理念，通过全员激励的方式激发了全体员工的积极性和归属感，为企业的持续发展和长期繁荣奠定了坚实的基础。

1. 儒家思想与现代企业管理理念相融合

茅理翔和儿子茅忠群深受儒家思想影响，将其精髓融入企业管理的方方面面。他们认为，一个伟大的企业不仅要满足顾客的需求，更要引导人向善，实现物质与精神的双重富足。因此，方太集团在控制权设计上，注重和谐共生、以人为本，强调企业内部的凝聚力、约束力和战斗力。

2. 全员身股制的创新实践

为了激发全体员工的奋斗热情，提升员工的归属感和凝聚力，方太集团从2010年开始实施全员身股制，只要员工在公司工作满两年，就可以获得一定数量的公司身股，享有年底分红的权利。与传统股权激励不同，全员身股制更注重全员参与和长期激励，旨在让每一位员工都能感受到自身的价值被尊重，从而更加积极地工作。

全员身股制的特点在于其全员覆盖和长期激励效果，既体现了公平、公正的原则，又增强了员工的责任感和使命感。在实施全员身股制的过程中，方太集团对每位员工的身股数量进行了精确核算，综合考虑了岗位价值、个人绩效、出勤情况以及团队贡献等多个维度，确保每个员工的身股权益与其工作内容、业绩表现和团队协作紧密相关。同时，分红比例也会逐年提高，从最初的集团总利润的5%提升至超过10%，确保员工能够分享公司发展的成果。此外，方太集团还会通过定期举办身股授予仪式、签订身股协议等方式，增强员工的归属感和荣誉感。

3. 巧妙的控制权设计

方太集团的控制权设计方案，其精髓在于将短期激励与长期激励相结合，以实现对管理层的有效激励和约束。公司通过实施股权激励计划，让管理层和员工能够分享公司的成长红利，从而更加积极地投入公司的发展中。同时，方太集团还注重公司治理结构的优化，通过制定科学合理的决策机制、监督机制和激励机制，确保公司能够稳健前行。

在具体操作中，方太集团注重平衡各方利益，确保股东、管理层和员工之间的权利与责任相匹配。通过设立董事会、监事会等治理机构，明确各自的职责和权限，形成相互制衡、协同发展的良好局面。董事会负责制定公司的战略方向和重大决策，监事会则负责监督公司的运营情况和财务状况，确保公司的各项业务活动符合法律法规和公司章程的规定。

此外，方太集团还积极引入外部专家和顾问团队，为公司提供专业的咨询和建议，确保公司在复杂多变的市场环境中保持敏锐的洞察力和判断力。这些专家和顾问来自不同的领域和背景，具有丰富的经验和专业知识，他们不仅为公司提供宝贵的建议和支持，也为公司带来了新思维和创新精神。

总之，方太集团的控制权设计方案以儒家思想为核心，融入了现代企业管理理念，通过全员激励的方式实现了公司与员工的共同发展。其控制权设计方案不仅为方太集团的持续繁荣提供了有力保障，也为其他公司提供了宝贵的借鉴和启示。

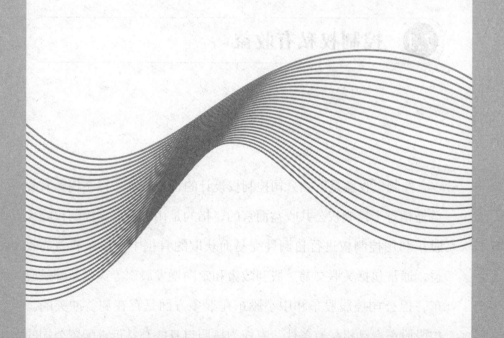

第 7 章

影响公司控制权
设计的因素

公司控制权设计的方法有很多，那么，公司选择控制权设计方案的依据究竟是什么呢？公司控制权设计是基于控制权主体的喜好，还是基于控制权主体对多方面的权衡，抑或是控制权主体的无奈选择呢？控制权主体又是凭借什么掌握公司控制权呢？本章就以影响公司控制权设计的因素为切入点回答这些问题。

7.1 控制权私有收益

控制权收益是影响公司控制权设计的首要因素。控制权私有收益是相对于控制权公共收益而言的，指的是由拥有公司控制权的大股东利用控制权进行自利性交易而获取的有损中小股东利益的收益，通常包括关联交易、股利政策和定向增发股票等。虽然都是股东，但公司控股股东和中小股东在很多方面是存在利益冲突的。控股股东有动机、有条件、有权力按照自身的利益诉求配置公司的资源，以达到为自身谋利的目的，而这种行为是以牺牲公司价值和中小股东利益为代价的。控股股东通过公司控制权而获取私利的行为，通常被称为"隧道挖掘"和"掏空"。

➡ 7.1.1　控制权私有收益获取途径

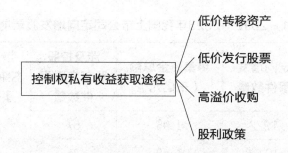

图7-1　控制权私有收益获取途径

1. 低价转移资产

公司的控股股东可以通过构建"自我交易"将公司资产低价转移到其控制或关联的其他公司，这种低价交易减少了公司利润，损害了中小股东的利益，但因其以合法交易为掩护，往往不易被察觉。当控股股东的控制权与现金流权分离程度非常大时，公司的利润损失对控股股东影响较小，被低价转移的资产能为控股股东带来的收益更大。

2. 低价发行股票

增发股票带来的直接结果是增加了公司的股票数量，使得公司各类以股票数量作为分母计算的财务指标下降，如每股收益、每股市价等，这样做会稀释中小股东的利益。这些股票以较低的价格定向增发给特定股东，无疑是赤裸裸地侵占中小股东的利益，中小股东在此情况下只能寄希望于股价上涨、持有股票的收益增加。2015—2023年我国上市公司定向增发股票情况见表7-1。

表7-1　2015—2023年我国上市公司定向增发股票情况

年份	定向增发事件数量	募集资金总额（千亿元）	涉及控股股东变更事件数量	涉及实际控制人变更事件数量
2015	1222	1.95	57	36
2016	1192	1.48	36	14
2017	631	0.90	11	6
2018	469	0.94	18	4
2019	363	0.56	18	8
2020	1015	1.09	24	13
2021	612	0.85	23	10
2022	549	0.66	14	7
2023	675	0.87	6	5

数据来源：国泰安数据库。

3. 高溢价收购

公司通过收购其他公司可以迅速扩张资产规模，也可以获得重要资产、技术等公司急需的资源，获得战略、管理、财务等方面的协同效应。但是，收购存在高溢价支付时，就可能存在利益输送。利益输送的操控者可能是公司的控股股东，获利者是被收购方，损失者则是发动高溢价收购的公司本身。中小股东因其股权相对应的投票权占比小，无法通过股东大会和董事会有效反对不合理的高溢价收购，只能通过"用脚投票"——以卖出该公司股票的方式对此类收购表达意见。

高溢价收购往往会形成巨额商誉，为公司埋下未来商誉"爆雷"的隐患。商誉"爆雷"不仅会导致公司的资产规模缩水，还会大幅影响公司当期利润水平，甚至造成公司净利润亏损，严重损害中小股东的利益。2015—2022年我国上市公司商誉情况见表7-2。

表7-2　2015—2022年我国上市公司商誉情况

年份	商誉公司数量	新增商誉总额（百亿元）	商誉期末余额（百亿元）	商誉减值总额（亿元）
2015	1645	2.65	5.88	8.84
2016	1887	4.01	10.46	10.3
2017	2108	2.64	13.06	28.8
2018	2296	0.16	13.15	30.13
2019	2434	−0.30	12.55	37.86
2020	2573	−0.29	11.79	60.37
2021	2770	0.04	12.10	45.13
2022	2927	0.25	12.30	17.06

数据来源：国泰安数据库。

很多公司在进行高溢价收购时会与被收购方签订对赌协议——要求被收购方在一定时期内达到协议要求的业绩水平，否则被收购方须向收购方支付一定数量的赔偿款项，以在一定程度上保护收购方股东尤其是中小股东的利益。但实践表明，大多数收购在对赌协议到期后便出现明显的业绩下滑，造成商誉减值风险，给公司、中小股东利益造成重大损失。

4. 股利政策

公司控股股东或拥有实质控制权的管理层可以通过制定有利于自身的股利政策实现控制权私有收益。公司的股利政策包括现金股利和股票股利两种类型。现金股利为向股东实实在在支付的现金，股票股利则是增加股东持有的股票数量。

股东持有公司股票的目的有两种：一种是获得股票的价格差，即资本利得；另一种则是获得股利。可见，公司的股利政策与股东持有股票的收益有直接关系，所以股东非常关注公司的股利政策。但是，控股股东和中小股东对股利的诉求存在差异。控股股东持有公司股票的主要目的是实现对公司的控制权，或其持有的股票本身是限制流通的，所以控股股东更青睐现金股利；中小股东因其持有的股票数量少，获取的现金股利金额小，持有股票的目的主要是赚取价格差，所以更喜欢股票股利。股票股利虽然短时间内降低了每股的市价，但价格低的股票更有利于流通，升值空间也更大，只要股票价格略有上涨，中小股东便可赚钱。

公司控股股东在股利政策制定方面相对于中小股东更有话语

权，可以通过制定有利于自身的股利政策增加自己的财富，而视中
小股东的利益诉求于不顾。

2015—2022年我国上市公司股利发放情况见表7-3。

表7-3　2015—2022年我国上市公司股利发放情况

年份	发放现金股利公司数量（家）	平均每股税后现金股利（元）	平均股利分配率
2015	2063	0.21	0.18
2016	2546	0.21	0.18
2017	2915	0.21	0.18
2018	2768	0.21	0.18
2019	2857	0.21	0.18
2020	3186	0.22	0.21
2021	3424	0.22	0.21
2022	3506	0.22	0.21

数据来源：国泰安数据库。

➜ 7.1.2　控制权私有收益的约束机制

公司控股股东虽然可以通过上述途径实现对中小股东的利益侵
占，获取控制权私有收益，但长此以往，不但会损害公司价值，使
公司的股票价格持续低迷，导致无人问津，还会使公司的盈利能力
下降，甚至被市场所抛弃。这时，即便是公司的控股股东，也没有
利益可言了。因此，必须建立起应对控制权私有收益的约束机制。

1. 完善法律约束

事实证明，法律制度越健全，市场机制越完善，控股股东的控制权私有收益实现起来就越困难。政府要通过制定相关法律法规对低价转移资产、低价发行股票、高溢价收购和不适当股利政策进行规范和约束，或通过证券监管机构问询机制增加公司实施上述行为的实施成本，让控制权私有收益行为不能实施或不敢实施。

2. 培育有效的资本市场

要培育有效的资本市场，增强信息透明度，运用市场机制调节中小股东对控制权私有收益的敏感性和反制能力。通过注册会计师审计、资产评级等市场化行为，提高控制权私有收益实现成本，堵住控制权私有收益实现途径，并结合对中小投资者的教育，形成有效的社会监督制约体系。

7.2　控制权所有人

公司控制权为谁所有是决定公司控制权设计的基础性因素。公司控制权所有人通常为创始人、战略投资者、财务投资者、管理层，如图7-2所示。

图7-2　公司控制权所有人示意图

➡ 7.2.1　创始人

公司在初创阶段，控制权集中于创始人手中，创始人数量有限，资金也有限，公司受到的关注较少，控制权受到的威胁较小，公司控制权设计相对简单。公司进入快速成长阶段时，引入外部资金就成为创始人无法回避的问题，这时，公司控制权归属问题就成为控制权设计首要考虑的因素。

引入什么样的投资者，或者说在创始人没有太多选择余地的情况下，如何既能引入外部投资者又能保住公司的控制权呢？对于这个问题，既有成功的案例，如阿里巴巴、京东，也有失败的案例，如俏江南、雷士照明。前文介绍了一些创始人通过控制权设计成功保护控制权的案例，下面介绍一下雷士照明创始人失去公司控制权的案例。

雷士照明经历了三次控制权争夺（如图7-3所示）。第一次是在2005年，雷士照明的三位创始人吴长江、胡永宏和杜刚对公司的利润使用出现分歧，由此引发第一次控制权争夺。由于吴长江受到经销商的一致支持，胡永宏和杜刚被迫离开雷士照明。经历第一次控制权争夺之后，雷士照明开始不断引入外部投资者。软银赛富、高盛的加入使得吴长江的股权不断被稀释，吴长江成为公司第三大股东。2012年，吴长江与投资人的矛盾公开化，引发了雷士照明的第二次控制权争夺，吴长江提出辞职，但由于员工、经销商和供应商的支持而重返公司并出任公司CEO。2014年，吴长江又与外部投资人德豪润达展开控制权争夺，这一次吴长江被免职并受到公司独立调查委员会的调查，最终彻底离开雷士照明。

雷士照明的案例呈现了创始人在引入外部投资者后，逐步丧失公司控制权的历程。我们将其与成功引入外部投资者却很好保护了创始人控制权的案例进行对比后，不禁感慨：引入适当的外部投资者对公司控制权是何等重要。吴长江作为雷士照明的创始人之一，其卓越的经营和管理才能是被认可的，这在前两次控制权争夺中吴长江获得员工、经销商和供应商的支持便可充分印证。这也强化了吴长江将公司视为私产的心理和对公司控制权的过度自信，造成其在引入外部投资者时缺乏控制权保护意识，最终丧失了公司控制权。

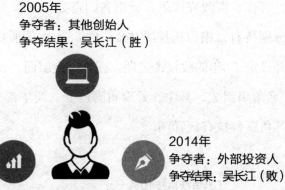

图7-3　雷士照明控制权争夺战

➡ 7.2.2　战略投资者

战略投资者是指愿意大量持股并准备长期持有，有动力且有能力参与公司治理的投资者。战略投资者更注重长期的战略利益，而不是短期的财务投资收益。战略投资者既可能来自同行业、上下游产业，也可能来自其他不相关行业。战略投资者需要对公司控制权进行重构，在拥有公司控制权的前提下对公司进行资本注入。战略投资者对公司注入的资本以财务资本为基础，同时包括社会资本、技术资本等。

　　2016年，国有企业混合所有制改革（简称混改），云南白药控股有限公司（这是云南白药集团股份有限公司混改前的名称，以下简称云南白药控股）在此背景下引入战略投资者，目的是建立更为灵活的机制和更加市场化的治理结构。经过多轮谈判和筛选，云南白药控股最终选择新华都实业和江苏鱼跃科技作为其战略投资者进行合作。混改完成后，云南省国资委、新华都实业和江苏鱼跃科技分别持有云南白药控股45%、45%、10%的股权（如图7-4所示），并设定了6年的股权锁定期。在董事会层面，云南白药控股董事会由5名董事组成，其中，云南省国资委、新华都实业各有2名董事，江苏鱼跃科技有1名董事。

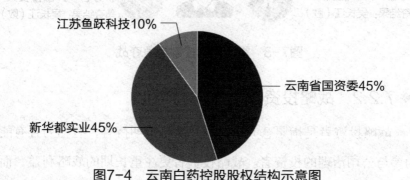

图7-4　云南白药控股股权结构示意图

　　作为云南白药控股的子公司及其经营实体，云南白药股份在引入战略投资者后，经营效率、财务绩效均有提升。云南白药股份的管理费用率由混改前的5%降低至3.87%，现金分红收益率从0.75%大幅提升到1.47%，如图7-5所示。

混改前　　　　　　　　　　　　　　　　　混改后

管理费用率：5%　　　　混改　　　管理费用率：3.87%
现金分红收益率：0.75%　→　　　现金分红收益率：1.47%

图7-5　云南白药股份混改前后对比

→ 7.2.3　财务投资者

财务投资者以获利为投资目的，通过投资行为取得经济上的回报，并在适当的时候进行套现。与战略投资者必须持有公司大量股权并对董事会拥有话语权不同，财务投资者投资的数量可能很多，也可能很少，对公司控制权可能存在较高诉求，也可能通过与其他控制方形成一致行动人而实质上放弃公司控制权。持有少量股权的财务投资者在各方面均不可能对公司控制权造成影响，所以我们只讨论持股数量大、比例高、对公司控制权能够产生影响的财务投资者。

俄罗斯DST是一家总部位于俄罗斯莫斯科的投资集团，其实力雄厚，在东欧拥有众多互联网公司。DST的成功投资案例包括2009年投资2亿美元取得FACEBOOK1.96%的股权和2014年投资京东成为京东的第三大股东。在这两个成功的投资案例中，DST均扮演了财务投资者的角色，并且将对FACEBOOK和京东的投票权通过股票权代理协议分别委托给扎克伯格和刘强东。DST创始人多次公开表示其作为财务投资者的立场：不要董事会席位，不要优先股，不要特别投票权，不以任何形式影响被投资公司的重要决策。其投资的目的简单而明确——在被投资公司成功上市、股价上涨到合理价位后便退出，寻找新的投资对象。

2017年"宝万之争"落下帷幕时，宝能系作为万科第二大股东不仅放弃了董事提名权，还放弃了投票权，彻底退出战略投资者的角色，而成为财务投资者。其与DST主动成为财务投资者，不参与公司控制权竞争结果相同，但过程截然相反。宝能系如果从一开始就能以财务投资者的身份投资万科，便可在2015年和2016年大量收购万科股票获得400余亿元盈利后体面退出。

➡ 7.2.4 管理层

理论上讲，管理层是公司生产经营决策的执行人，不应该掌握公司控制权，但由于管理层对公司资源的使用更为便利，对公司实际生产经营情况更为熟悉，当大股东允许或默认时，管理层也有可能成为公司控制权的实际持有人。在不友好的情况下，公司管理层还有可能与大股东争夺公司控制权。

国美电器2009—2011年的控制权之争就发生在管理层和大股东之间。2004年，国美电器在香港上市，之后便走上了快速扩张之路，通过收购手段快速扩张门店数量，强力抢占家电销售市场。2008年年末，国美电器实有门店1333家，是国内名副其实的家电卖场巨头。但是，时任国美电器董事会主席的黄光裕因非法交易罪、内幕交易罪和单位行贿罪入狱，对国美电器的股价和经营造成严重打击。

为了以最快速度应对这一事件给公司经营带来的冲击，国美电器迅速做出反应，任命国美电器CEO陈晓为董事会主席。令黄光裕没有想到的是，陈晓刚一上任便开始大刀阔斧地在国美电器展开"去黄光裕化"行动。先是改变国美电器的发展战略，将黄光裕时期的门店数量扩张、占领市场份额战略转变为提高单位门店的运营效率战略；随后快速引入贝恩资本并任命新的非执行董事；最后施行涵盖国美电器105名高管但不包括黄光裕在内的高管股权激励计划（黄光裕当时仍是国美电器的第一大股东）。陈晓开展的这一系列行动很显然是为争夺国美电器控制权而做的准备。

面对陈晓的控制权争夺行为，黄光裕虽有反对，但未能如愿。而陈晓则加紧对国美电器控制权的争夺，增发20%股票以稀释黄光裕及其家族对国美电器的控制权。2010年，黄光裕斥资6.91亿港元增持国美电器股份至35.98%，而陈晓则依靠第二大股东贝恩资本的支持继续留任国美电器董事会主席。

2011年，黄光裕以未上市的372家门店从国美电器剥离、独立发展为筹码与贝恩资本单独展开谈判，最终结果是陈晓辞职，372家未上市门店并入国美电器，贝恩资本减持国美电器股份至10%以下。黄光裕保住了国美电器的控制权，赢得了这场管理层与大股东之间的控制权争夺战。

　　管理层要想掌握公司的实际控制权，还是应当寻求与大股东合作，在取得大股东信任的基础上实现对公司控制权的实际把控。管理层对公司控制权的诉求要建立在与大股东共赢的基础上。

7.3　制度政策

制度政策包含法律、法规、管理办法等，在我国，与公司控制权有关的制度政策主要包括《公司法》《证券法》《上市公司收购管理办法》。

➡ 7.3.1　对控股股东和实际控制人的规定

我国现行《公司法》第二百六十五条规定："……控股股东，是指其出资额占有限责任公司资本总额超过百分之五十或者其持有的股份占股份有限公司股本总额超过百分之五十的股东；出资额或者持有股份的比例虽然低于百分之五十，但依其出资额或者持有的股份所享有的表决权已足以对股东会的决议产生重大影响的股东。实际控制人，是指通过投资关系、协议或者其他安排，能够实际支配公司行为的人。"《公司法》的上述规定采用的是概括式立法表述，将持有股份比例占公司50%以上的股东认定为控股股东，这从资本持有的角度量化地规定了控股股东的范畴。同时，《公司法》将持有股份不足50%但通过控制权设计享有重大影响表决权的股东也认定为控股股东，却并未对此进行量化规定。

对于控股股东和实际控制人，《证券法》沿用《公司法》中的相关规定，并且在相关条款中将控股股东和实际控制人一视同仁地进行规定。《公司法》和《证券法》均未对公司控制权做出特别规定。

➡ 7.3.2　对公司控制权的规定

作为对《公司法》和《证券法》的补充，《上市公司收购管理办法》第八十四条也对上市公司控制权做出了明确规定，具体规定见表7-4。

表7-4　《上市公司收购管理办法》关于控制权的规定

有下列情形之一的，为拥有上市公司控制权	（1）投资者为上市公司持股50%以上的控股股东
	（2）投资者可以实际支配上市公司股份表决权超过30%
	（3）投资者通过实际支配上市公司股份表决权能够决定公司董事会半数以上成员选任
	（4）投资者依其可实际支配的上市公司股份表决权足以对公司股东大会的决议产生重大影响
	（5）中国证监会认定的其他情形

上述规定采用列举式立法表述，明确、量化地规定了上市公司控制权所有人应具备的条件：控股股东、拥有30%表决权的投资者、能够决定半数以上董事会成员的投资者、通过表决权对股东大会决议产生重大影响的投资者等。

➜ 7.3.3　权力与权利

公司控制权到底是权力还是权利，还是二者兼有？这是一个值得探讨同时也是必须明确的问题。

与权力相对应的是服从，与权利相对应的是义务。权力是凌驾于一切权利之上的力量，其根本使命是缓和权利冲突，权利在先，权力在后。没有权利的不可调和，便不需要有权力使矛盾双方服从。公司中的权利和义务关系包括股东与股东之间、股东与管理层之间、公司与其他利益相关者之间。而公司中的权力和服从关系则有上级组织对下级组织、上级职位对下级职位、控股股东或实际控制人对公司决策等。

公司控制权是权力与权利的结合。因为控股股东、实际控制人或其他拥有公司控制权的主体一定拥有对公司的权利。《公司法》中有明确规定（见表7-5）。

表7-5 《公司法》关于股东权利的规定

《公司法》中关于股东权利的规定	第四条第二款 公司股东对公司依法享有资产收益、参与重大决策和选择管理者等权利
	第五十七条第一款 股东有权查阅、复制公司章程、股东名册、股东会会议记录、董事会会议决议、监事会会议决议和财务会计报告
	第二百一十条第四款 公司弥补亏损和提取公积金后所余税后利润，有限责任公司按照股东实缴的出资比例分配利润，全体股东约定不按照出资比例分配利润的除外；股份有限公司按照股东所持有的股份比例分配利润，公司章程另有规定的除外
	第二百二十七条 有限责任公司增加注册资本时，股东在同等条件下有权优先按照实缴的出资比例认缴出资。但是，全体股东约定不按照出资比例优先认缴出资的除外。 股份有限公司为增加注册资本发行新股时，股东不享有优先认购权，公司章程另有规定或者股东会决议决定股东享有优先认购权的除外

控股股东除拥有上述权利外，还拥有表决权、提名股份有限公司董事和监事候选人的权利、对公司股权结构的建立和调整权。控股股东的权力是一种能力，体现在当上述权利存在矛盾时，用于指挥、裁决、命令和支配的权限和权职，权力的设定和行使可以直接或间接地限制或剥夺权利。

公司控制权的权力和权利都必须在法律制度范围内行使和享有，超出法律允许的范畴，权利必然受到权力的伤害。

7.4　公司控制权市场

公司控制权市场是一种重要的外部公司治理机制，是争夺公司控制权的平台。公司控制权市场的概念最早由经济学家亨利·曼尼在1965年提出，他认为活跃的公司控制权市场是存在的，且这个市场构成了一项与规模经济和垄断市场无关的、有价值的资产，公司控制权市场的有效运行造就了许多成功的公司合并案例。

➡ 7.4.1　我国公司控制权市场的现状

我国的公司控制权市场形成于20世纪末期，由于受到非流通股的限制而发展缓慢。直到2005年《上市公司股权分置改革管理办法》和2006年的《上市公司收购管理办法》发布，我国的公司控制权市场才被激活。被激活后的公司控制权市场提高了公司的市场价值，控制权市场作为公司的外部治理机制的作用开始显现，公司间的并购活动也越加频繁。

➡ 7.4.2 公司控制权市场的作用

公司控制权市场为控制权交易和转移提供了平台，该市场越规范、越活跃，越能促进公司间的并购活动，控制权交易和转移越顺畅，市场竞争机制越能督促管理层注重公司长期发展。如果管理层与原有股东存在矛盾，外部收购者就可以利用控制权市场这一平台收购公司股权，成为新的股东后，实施更换管理层的行为。著名经济学家迈克尔·詹森甚至认为，外部收购者对公司的收购非但不会损害公司股东的利益，实际上还会给收购双方的股东带来巨大的财富，这与公司控股股东或实际控制人想尽办法设置反收购条款的现实情况大相径庭。究其原因，可能是公司现在的控股股东在情感上无法接受失去对公司的控制权，且现有的公司控制权市场也并非充分有效，不能实现对公司控制权的有效定价，使得控制权交易定价不能使交易双方都满意，即实现的是控制权交易双方的零和博弈。

我国公司控制权市场对管理层的外部治理作用有限，且发生控制权转移的大多是绩差公司。公司控制权转移虽然在一定程度上降低了股权集中度，但内部人控制的情况却加剧了。

公司控制权市场的完善程度对公司控制权设计起到至关重要的作用：公司控制权市场的制度完善性能够约束公司控制权设计，使公司控制权设计有法可依；公司控制权市场的有效性能够降低公司控制权设计的成本，避免不必要的控制权设计方案；公司控制权市场定价的科学性能够充分保护收购方和被收购方的利益，使双方在自愿、公平的环境中交易。或许，这才能实现迈克尔·詹森所描绘的公司控制权市场景象。

7.5 资源

→ 7.5.1 财务资源

财务资源是主体取得公司控制权的基础，主体通过为公司提供财务资源而获得相应的控制权，控制权带来的收益是主体为公司提供财务资源的报酬。我们以往将公司控制权理解为股权持有比例，只有提供资金的主体才能拥有公司控制权。这确实是公司控制权最初的由来。投资人将资金投入公司，承担了公司的经营风险、破产风险，当然要追求相应的回报，而控制权则是实现回报的保障。当投资人拥有绝对控制权和相对控制权时，财务资源对公司控制权的因果关系是明确的、清晰的。例如，初创型公司进入快速发展阶段后需要大量的资金支持，创始人能够让渡公司控制权以取得投资人的资金，正说明了财务资源的巨大能量，因为创始人但凡有其他方法，也不会舍得将公司控制权用于置换资本。

➡ 7.5.2　知识资源和社会资源

AB股权结构打破了财务资源对公司控制权的"垄断"，同股不同权意味着财务资源不再与公司控制权画等号了。是什么打破了财务资源对公司控制权的"垄断"呢？我们来看一下实施AB股权结构的典型案例。

刘强东是京东的创始人，其在京东的威信是无人能及的。京东在2003年"非典"时期出现实体柜台客流下降、库存严重积压、资金流几乎断裂甚至濒临倒闭的局面，是刘强东坚持"正品、低价、周到服务"的宗旨赢得客户，也是在那时刘强东看到了电子商务的潜力，为京东日后成为电商翘楚开创了局面。刘强东独到的商业眼光是无可替代的。京东独特的商业模式是"电商+物流"，这正是京东的竞争力所在。今天人们会赞叹京东物流便捷快速，其实自建物流的想法在2007年被刘强东提出来时曾遭到集团内外一致反对。这种烧钱的生意连马云都曾表示不会涉足，刘强东却认为控制配送链才能掌握电商物流的主动权。2017年，京东物流集团成立；2021年，京东物流集团在香港联交所上市；如今，京东物流集团已经成为中国领先的技术驱动的供应链解决方案及物流服务商。京东初创时期的多轮融资都是刘强东的成功之作，京东IPO前的融资也都是刘强东一笔一笔谈出来的，今日资本、雄牛资本、老虎环球基金、红杉资本、高瓴资本、王国控股集团、加拿大安大略教师退休基金、俄罗斯DST、腾讯等都向京东提供过资金，原因也是投资人认可刘强东的经营理念和能力，看好京东的商业模式和财务指标。

刘强东能以AB股权结构的形式实现对京东控制权的绝对掌握，离不开他为京东提供的特殊资源——知识资源和社会资源。刘强东名校毕业，创业经历丰富，既有对服务宗旨的坚持，又有对商机敏锐的洞察力，还有打动投资人的谈判能力，能让投资人为其铺路并为其介绍其他投资人。与财务资源相比，刘强东拥有的知识资源和社会资源毫不逊色，甚至能为他带来巨大的财务资源。这正是刘强东能以较小的持股比例掌握京东控制权的原因所在，他为京东提供了独特的、无可替代的、令人信服的资源，而这些资源打造了京东今天的商业版图。

➡ 7.5.3 资源的使用权

毫无疑问，公司的股东拥有公司资产的所有权，而资产就是能够为公司带来经济利益流入的资源，所以股东也拥有公司资源的所有权。公司资源的使用权属于经营者，如果股东同时是公司的经营者，那么股东就同时掌握了公司资源的所有权和使用权。两权一致，股东便牢牢地掌握了公司控制权。

随着所有权与经营权分离的不断深化，股东对公司资源的所有权与使用权也逐渐分离，这个时候我们不禁要思考，对资源的所有权和对资源的使用权哪个更有利于掌握公司控制权？或者说，掌握了资源所有权是否就意味着掌握了公司控制权？

答案是不确定的。因为不被使用的资源是不能带来经济利益流入的，是闲置的、无用的资源，即使拥有了这些资源，也无法为公司创造价值；反过来说，能够使用资源为公司创造价值的主体，哪怕并未拥有这些资源，也能为公司创造价值。哪种权力更重要便不言而喻了，掌握资源使用权的主体更加实质性地掌握了公司控制权，只掌握资源所有权而不掌握资源使用权的主体只是形式上拥有了公司控制权。这正是公司控制权发展的新趋势——资源使用权比资源所有权更重要，公司名义控制权与实质控制权逐渐分离。

资源使用权决定资源在什么时候、结合什么情境、以什么数量进行使用，且资源使用的效果直接体现资源使用权运用得恰当与否。当资源使用权在其实践中越来越彰显对公司价值的贡献能力时，掌握资源使用权的主体便顺理成章地拥有了公司实质的控制权。相对于由法律规定的、显性的公司名义控制权，公司实质控制权也是由法律、公司章程、组织架构和权责制度所规范的，具有完全合法性，同时又因其在实践中形成的权力——绩效的直接因果关系，更加深入人心、为人信服。万科就是一个很好的例证。

2015年的"宝万之争"实际发生在万科管理层和宝能系之间，而不是发生在万科当时第一大股东华润集团与宝能系之间。此次控制权争夺事件发生时，万科的第一大股东华润集团持股14.95%，第二大股东香港中央结算持股11.09%，万科管理层通过国信金鹏分级1号集合资产管理计划和工会委员会共持股4.75%，为第三大股东。可见，万科当时的股权是非常分散的。可能在此次控制权争夺事件前，公众只知道万科董事长王石和总经理郁亮，却不知道华润集团是万科第一大股东。截至2016年5月31日万科的股权结构见表7-6（表中只列出前十大股东的持股数及其占股比例）。

表7-6　截至2016年5月31日万科的股权结构

主要股东	持股总数（股）	占股本比例
华润集团	1682759247（A股）	15.24%
HKSCC NOMINEES LIMITED	1314926555（H股）	11.91%
深圳市钜盛华股份有限公司	926070472（A股）	8.39%
国信证券-工商银行-国信金鹏分级1号集合资产管理计划	456993190（A股）	4.14%
前海人寿保险股份有限公司-海利年年	349776441（A股）	3.17%
中国证券金融股份有限公司	330361206（A股）	2.99%
招商财富-招商银行-德赢1号专项资产管理计划	329352920（A股）	2.98%
安邦财产保险股份有限公司-传统产品	258167403（A股）	2.34%
安邦人寿保险股份有限公司-保守型投资组合	243677851（A股）	2.21%
西部利得基金-建设银行-西部利得金裕1号资产管理计划	225494379（A股）	2.04%
……	……	……
A股股本	9724196533	88.09%
H股股本	1314955468	11.91%
总股本	11039152001	100%

　　宝能系对万科控制权的争夺是针对其管理层的。宝能系通过不断在二级市场买入万科的股票，在2015年底取得万科24.26%的股权并成为万科的第一大股东时，就明确提出要罢免包括王石和郁亮在内的10名董事与2名监事。面对此次控制权争夺战，万科管理层明显比第一大股东更积极主动。万科管理层不惜与华润集团反目，引入"白衣骑士"——深圳地铁对抗宝能系，华润集团股东代表事后声讨万科管理层自作主张，未经董事会讨论及表决就与深圳地铁签订并发布战略合作备忘录，本来面对"门口野蛮人"时应该精诚合作的大股东与管理层竟在此时起了"内讧"。

　　上述事实说明，万科的公司控制权实质上属于其管理层，股东只是拥有名义控制权。宝能系发动的控制权争夺更多地危及了管理层所拥有的公司控制权，所以主动发起对抗、进行反击的是管理层。

　　其实，在宝能系发动对万科的控制权争夺战前，作为第一大股东的华润集团对万科采取的就是"大股不控股、支持不干预"政策，万科管理层的自主经营权是异常强大的。华润集团不仅在董事会层面全力支持管理层，更通过华润银行、华润深国投信托等为万科融资大行便利。万科管理层对公司的市值管理也是非常强势的，万科股价长期低迷，股票市场价值与公司实际价值严重不符，中小股东无法从持有的万科股票中获得投资收益，所以当宝能系在二级市场中高价收购万科股票时，中小股东义无反顾地选择卖出，使得宝能系的股票收购异常顺利。如果说万科的大股东是主动放弃公司控制权，那么中小股东是无奈放弃公司控制权。大股东尚且没有掌握公司实质控制权，更别提数量众多但力量单薄的中小股东了。

宝能系对万科的控制权争夺最终以证监会发声、深圳地铁入主、王石退休、宝能系退为财务投资者而收场。而在此次争夺战中，最大输家却是不掌握公司实质控制权的大股东华润集团。

这不得不引起我们的反思：公司资源所有权逐渐让位于资源使用权究竟会带来什么？毋庸置疑，万科是一家优质公司，以多方面成就成为中国企业的典范，但公司控制权配置甚至争夺确实让股东吃了亏。万科固然可以通过其优秀的经营业绩吸引更多的投资者向其投入财务资源，但管理层对资源使用权的强势占有可能会令万科失去股东可能带来的其他资源。而在资源所有权和使用权的矛盾之中，万科管理层也在谋求资源所有权，管理层两权合一对其他股东会有什么样的影响呢？

第 8 章

设计有效的
公司控制权方案

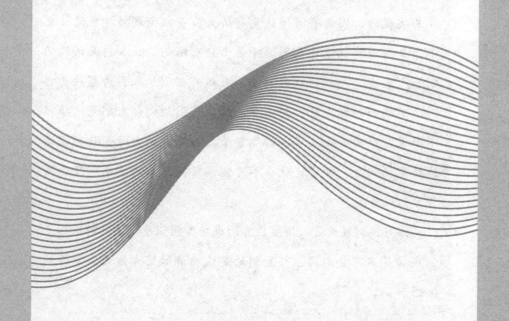

我们已经了解了公司控制权的重要性、几种公司控制权设计方案、不同生命周期公司的控制权特征和设计要点、影响公司控制权设计的重要因素等内容，对公司控制权形成了新的认识。我们既感叹公司控制权设计的巧妙，也感慨公司控制权争夺的激烈，更会为失去公司控制权的创始人扼腕叹息。在巨大的利益面前，我们无法评判公司控制权争夺是否合理，但可以对公司控制权进行设计，让制度主导利益的走向。

当我们开始进行公司控制权设计时，目标可能是一样的——以尽可能小的代价获取最大的控制权。但是，这样的想法是不容易实现的，因为有所得就要有所失，在权衡利益损失的情况下，公司控制权设计人的选择是十分有限的。正如前面讲过的创始人失去公司控制权的例子，虽然有些创始人因为与投资方沟通不畅而融资失败，但大多数情况是因为创始人别无选择：不融资，公司发展不了，短暂繁荣之后不能做大做强就可能迅速被市场淘汰；融资，就要尽可能满足投资方的要求，降低投资方的风险。

公司控制权设计人借鉴已有的成功案例似乎是最好的选择，但成功是不可复制的，可复制的是成功者的思考方式和坚持的韧性。

了解你的公司

改变自己从了解自己开始，对公司也是一样，公司控制权设计意味着改变——改变股权结构，改变公司治理组织架构，甚至改变公司的战略。你不了解公司便无法做出恰当的设计，那么，应从哪些方面了解公司呢？

➡ 8.1.1　战略

如果把公司比作一艘航船，战略就是公司的指南针。大部分公司在初创时期是没有战略的，因为创业时期的公司面临很大的不确定性，生存是第一要务，发展是解决了"吃饱穿暖"之后才会考虑的问题。而成熟型公司是一定要有战略的，但有些战略可能是"事后诸葛亮"式的战略，有些战略可能是"口号"式的战略——说的是一套，做的是另一套。真正将战略与战术相统一、口号与行动相一致的公司，在进行公司控制权设计时应该首先考虑公司的战略。

战略与公司控制权设计有何关系？

　　公司融资是为了发展，发展方向和道路就是战略。没有发展计划的公司没有战略，如果不需要融资，也就不涉及公司控制权设计的问题。公司控制权设计既然已经被提上了议事日程，战略就必须作为首要考虑因素，因为战略决定了公司为什么融资以及融资之后做什么。以俏江南为例，俏江南的控制权之所以发生变化，是因为其创始人张兰想做大做强，构建属于俏江南的餐饮帝国。引入外部投资人是俏江南走向更广阔资本市场的"垫脚石"，而要想真正踏在"垫脚石"之上，张兰就必须对投资人做出让步。由此可见，公司控制权设计是为战略服务的。

　　战略要素包括以下几方面：公司的竞争优势、使命和愿景、公司的价值观、公司所处的外部环境和内部环境、行业竞争环境、竞争者是谁（如图8-1所示）。

　　有些战略要素是显性的，如使命和愿景、公司的价值观。有些战略要素是隐性的。与竞争有关的要素都是隐性的，因为公司不可能将自己的竞争优势直白地告诉别人，这属于公司的商业机密，所以只能通过战略分析来获得。

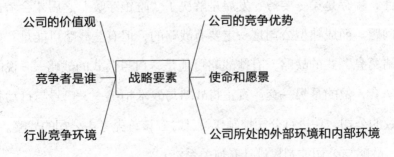

图8-1　公司的主要战略要素

对公司的战略进行分析的方法主要有PEST分析法、波特五力模型分析法、SWOT分析法，如图8-2所示。PEST分析法是一种用于分析企业外部宏观环境因素的工具，包括政治（politics）、经济（economy）、社会（society）、技术（technology）四大因素。波特五力模型分析法中的"五力"指的是供应商的讨价还价能力、购买者的讨价还价能力、潜在竞争者进入的能力、替代品的替代能力、行业内竞争者现在的竞争能力。SWOT分析法是一种企业内部分析方法，包括优势（strength）、劣势（weakness）、机会（opportunity）、威胁（threat）这四大因素。

应用上述战略分析工具，我们对2009年引入鼎晖投资时的俏江南进行战略分析。

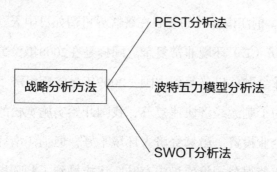

图8-2　战略分析的方法示意图

1.竞争策略和竞争优势

企业一般有两种竞争策略可以选择：差异化竞争策略和成本领先策略。俏江南最初选择在北京最繁华的地段——国贸中心商务区开店，定位为精品川菜餐厅，菜品创新不断，不仅与中国传统菜系融合，还与西式美食巧妙结合。张兰曾公开表示，俏江南要做餐饮业的路易威登，这可以视作俏江南的愿景。张兰很明确地选择了差异化竞争策略。俏江南弥补了当时国内高端连锁川菜领域的空白，在餐饮业取得巨大成功。2005年，张兰又成立了高端会所——South Beauty881、蘭LAN，以及时尚概念餐厅SUBU和Steam蒸餐厅，为俏江南维护高端客户群营造了良好氛围，有效地做到了品牌延伸。可见，俏江南的竞争优势是中西美食融合的高端餐饮。

2. PEST分析法

对2008年前后的俏江南进行PEST分析，如图8-3所示。

（1）政治（P）环境是十分友好的。2008年，中国成功举办了奥运会，俏江南作为唯一指定的中餐餐饮合作商，门店客流量曾达到每日8万人。俏江南当时的发展在餐饮界可谓如日中天。

（2）经济（E）环境非常复杂。同样是在2008年，美国次贷危机引发的全球金融危机蔓延到中国。2009年是宏观经济下行压力最大的一年，为了刺激经济快速复苏，我国开始实施宽松的宏观经济政策，鼓励企业投资。虽然经济大环境不好，但俏江南凭借餐饮业稳定的现金流使得公司价值稳中有升，还接触到了鼎晖投资这样的大机构。

（3）社会（S）环境比较有利。当时中国的经济多年保持10%的增长水平，人们对俏江南这样的高端餐饮需求旺盛。而且，张兰这样的女强人的创业故事充满话题性，俏江南作为奥运会合作餐饮供应商更是引发同行和社会广泛关注。

（4）技术（T）环境对俏江南影响不大。餐饮业依赖消费者线下体验，主要受口味、卫生、环境、服务等因素影响。

政治（P）环境十分友好　　　　　　　社会（S）环境比较有利

PEST分析

经济（E）环境非常复杂　　　　　　　技术（T）环境影响不大

图8-3　2008年前后的俏江南PEST分析

3. 波特五力模型分析法

俏江南波特五力分析模型分析示意如图8-4所示。

（1）供应商的讨价还价能力。餐饮企业的主要供应商是食材供应商和经营场所供应商。俏江南的食材不存在稀缺性，但与其高端定位相对应，对食品卫生安全要求高。俏江南的开店选址都为高端商务办公区，位置稀缺性高，租金高昂。因此，俏江南对不同供应商的讨价还价能力存在差异，对经营场所议价能力弱，对食材供应商议价能力强。

（2）购买者的讨价还价能力。俏江南的消费群体定位为高端商务人士，再加上其追求在大事件中的曝光度这一营销理念，与北京奥运会、上海世博会、美洲杯帆船赛等重大国际活动合作后，俏江南形成了强大的品牌影响力。由于目标消费者是对价格不敏感而对品位、环境敏感的人群，所以俏江南对消费者的议价能力很强。

（3）潜在竞争者进入的能力。餐饮业竞争激烈，进入门槛低，从业者众多。就俏江南选择的差异化竞争组别而言，对创始人的初始投资成本要求高，后续运营支出大，品牌溢价水平高，因此潜在竞争者较少。

（4）替代品的替代能力。避免被替代是俏江南不断追求菜品创新、品牌延伸的重要原因。其开店选址的苛刻性屏蔽了被替代的可能性。品牌创立的时机也是替代能力的重要保障。俏江南在中国经济高速发展、大众收入提高、高端商务活动需求爆发式增长时期入行，很好地把握了时机，抵御其他品牌替代的能力很强。

（5）行业内竞争者现在的竞争能力。俏江南的品牌辨识度很高，高度契合中国人在经济基础越来越牢固后开始追求精神文化、民族自豪感的心理需求。而在国际大事件上的出色表现和抢眼位置也奠定了俏江南的行业地位，既传统又时尚，既满足刚需又提供差异化体验，这些都使得俏江南在行业中的佼佼者位置很难被其他竞争者所代替。

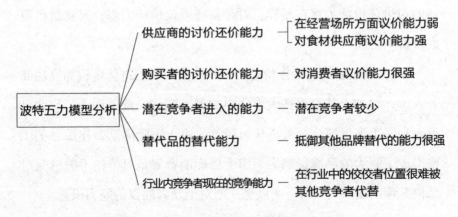

图8-4　俏江南波特五力模型分析示意图

4. SWOT分析法

对俏江南的SWOT分析见表8-1。

表8-1 俏江南SWOT分析

	优势	劣势
机会	中国经济快速增长带来高端消费需求；俏江南作为北京奥运会指定的奥组委独家餐饮服务供应商，品牌影响力强，盈利能力强，门店数量多	持续扩张的需求、高额的开店及运营成本导致俏江南资金缺口逐渐增大；非上市民营企业的身份制约了俏江南的融资能力
威胁	创始人家族成员的社会关注度过高，带来负面效应；个别门店食品安全问题曝光	家族企业传统运营模式痕迹明显，代际传承与管理团队职业化矛盾突出；产品标准化运营程度低；专业管理团队尚未组成

从SWOT的情况分析我们可以看出，当年，俏江南的优势和机会明显多于劣势与威胁。就一创立便获得市场高度认可、第一年就有盈利、在国际顶级活动中精彩亮相的高端餐饮企业而言，俏江南无疑是成功的典范。在初创阶段，俏江南是完美取得胜利的。但是，与其他一些企业类似，俏江南也难逃初创成功后的融资难、公司治理家族化还是职业化这样的问题。其实，在第二个问题上，俏江南做过尝试并最终选择家族化治理，从中可以看出，张兰对于俏江南未来传承、发展的思路是摇摆的，更多的可能是理想化的意气用事。

通过战略分析我们看到，俏江南差异化竞争策略是明确且成功的，中西美食融合的高端餐饮竞争优势是明显的。外部环境中除金融危机带来的暂时性不利，其他环境要素有利于俏江南的发展。行业竞争环境得分很高，只有对经营场所供应商的议价能力较弱。内部问题体现在家族企业经营模式和扩张资金需求缺口上。这正是俏江南的公司控制权设计的症结所在。公司要扩张，要代际传承和接续发展，就需要引入外部资本和重构公司治理框架，这都应该以重新设计控制权为基础，也终将体现在控制权结构的变化上。而控制权结构变了，作为创始人的张兰家族、作为投资人的外部机构投资者的利益分配模式也将发生变化，公司控制权不会一变了之，而是会形成多方博弈后新的利益格局。

➡ 8.1.2　商业模式

简单来讲，商业模式就是公司如何赚钱。商业模式与公司控制权之间的关系是明确的：商业模式推动公司控制权设计，公司控制权设计实现公司商业模式。

小米科技2018年在香港上市时，控制权设计采用的是双重股权结构，这种控制权设计非常契合小米科技的商业模式。双重股权结构下的公司绩效和股票回报率可能会因为控制权的稳定而上升，也可能会因为控制权过于集中产生代理问题而下降，但双重股权结构对公司的创新研发是有利的。公司创新研发需要大量资金投入，而且投资周期长，相较于债务融资，创新研发更适合股权融资的融资方式，而双重股权结构正好可以为公司吸引外部资金留出足够的股权空间。双重股权结构能够比较好地保护创始人团队对公司的控制权，稳定的管理团队能够保证创新研发战略实施进程减少变数，避

免管理团队的短视行为，这也是中概股企业赴美上市时以双重股权结构作为标配的原因之一。

商业模式是一种连接创意、技术与经济收益的有用结构，小米科技的商业模式特别需要双重股权结构这种控制权设计。自2010年成立以来，小米科技的商业模式就是开放式的。这种开放式商业模式即商业模式涵盖研发、价值网络、合作伙伴、商业生态系统等。小米科技初创时期的商业模式是"硬件+软件+互联网服务"，后来转变为"硬件+新零售+互联网服务"。小米科技的商业模式体现了其价值链理念——硬件是价值链的起始端而不是终端，互联网服务是小米科技写在基因中的盈利模式，软件或新零售则是其获得盈利的渠道和手段。

小米科技的商业模式是什么呢？我们以商业模式九要素模型对其展开分析。

商业模式九要素模型主要包括价值主张、价值创造、价值传递和价值获取四个方面，涵盖价值主张、客户细分、核心资源、重要合作、关键业务、渠道通路、客户关系、收入来源和成本结构这九个要素，见表8-2。

表8-2　商业模式九要素模型

四方面	九要素	含义
价值主张	价值主张	能为客户带来多少价值
	客户细分	在差异化的市场中划分出目标客户群体
价值创造	核心资源	公司保证商业运行模式的关键资源点
	重要合作	公司上下游网络
	关键业务	商业模式组成中的关键之处

（续表）

四方面	九要素	含义
价值传递	渠道通路	沟通、接触客户细分
	客户关系	维持受众群体关系的手段
价值获取	收入来源	公司从群体中获取的收入
	成本结构	公司的成本支出

资料来源：据公开资料整理。

1.价值主张

（1）小米科技以"硬件+软件+互联网服务"的模式对传统产业链进行整合，在手机行业中注入开放基因，以互联网平台为依托，打造自主研发软件和高性价比硬件的智能终端，打造智能硬件生态链和内容产业生态链，以手机为中心连接所有智能设备。

（2）在客户细分方面，小米科技关注17~35岁的青年男性客户群体，打造"发烧友""极客"概念和社群，并邀请粉丝共同创新。

2.价值创造

（1）价值创造是赋予产品附加价值的过程，小米科技以开放的态度将资源转化为价值。

小米科技的核心资源是"橙色星期五"互联网开放开发模式，一周就是一个迭代创新开发周期。每周二MIUI团队汇总用户提交的四格体验报告，包括用户喜欢哪些功能、哪些功能需要改进等。然后，工程师团队开展系统开发，进行内部测试，发布更新后的MIUI

系统，如此周而复始地进行开发升级。这种方式在手机行业是绝无仅有的，最大限度地将公司的价值创造过程与客户联系在一起，创新性地激发了粉丝的参与热情，有效地维护了客户群体。

（2）小米科技在营销环节与社交媒体平台合作，如微信、微博、QQ等；在销售渠道方面与电商合作，如京东、淘宝天猫、唯品会、拼多多等；在物流配送方面与顺丰、风达、EMS合作。同时，小米科技还通过投资的方式与金山软件合作，为合作企业带来现金流。

（3）小米科技的关键业务是手机。手机是互联网时代人们使用最为频繁的硬件终端，小米科技通过打造爆款手机带动其他手机、其他硬件及产品的连接和销售，并同时推广自主研发的软件MIUI系统。小米科技还打造了硬件周边，并利用互联网平台打造物联网生态系统。

3.价值传递

（1）小米科技的渠道通路最初都是通过互联网实现的，通过网络产品发布会，使爆款手机迅速吸引消费者的眼球，再配合饥饿营销，消费者在买不到新款手机的情况下往往会选择旧款手机。而且，其他产品的浏览量和销量也会随之增加。此外，MIUI的开放迭代机制会加强消费者的忠诚度。

（2）小米科技维护客户关系的手段主要是通过创新迭代系统、高性价比产品和"互联网服务+物联网生态系统"。客户通常以手机为契机了解小米科技，高性价比产品促进公司其他产品的销售和收入增加，再通过推广小米物联网和软件，逐渐使客户认同小米科技的价值观。

4. 价值获取

价值获取多少是商业模式是否有效的最终判定依据。

（1）收入来源。小米科技初创时期的收入来源于手机销售。2012年，小米手机的销售量达到数千万台，销售收入超过百亿元人民币，公司估值超过百亿美元。当前，小米科技的收入来源于四部分：智能手机、IoT生活消费产品（指利用物联网技术的智能家居和相关消费品）、互联网服务和其他。对比2021年和2022年这四部分的营业收入，智能手机仍然是小米科技收入的主要来源，在四个部分中占比最大，2年均超过50%；其次是IoT生活消费产品，2年均超过25%；最后是互联网服务和其他。从变化上看，智能手机带来的收入比例有所下降，IoT生活消费产品和互联网服务呈上升趋势。这说明小米科技以智能手机销售为核心收入来源的局面短时间内不会变，但IoT生活消费产品、互联网服务对收入的贡献在不断增加，见表8-3。

表8-3　小米科技2021年、2022年收入数据

单位：千元

	智能手机	IoT生活消费产品	互联网服务	其他	合计
2022年	167217177	79794877	28321444	4710518	280044016
比例	59.7111%	28.494%	10.113%	1.682%	100%
2021年	208868944	84980097	28211739	6248365	328309145
比例	63.620%	25.884%	8.593%	1.903%	100%

（2）成本结构。与收入相对应，智能手机的营业成本也是占比最高的部分，IoT生活消费产品次之，最后是互联网服务和其他。从年度变化上看，智能手机成本与收入同趋势下降，而IoT生活消费产品和互联网服务的成本均呈上升趋势，见表8-4。

表8-4　小米科技2021年、2022年成本数据

单位：千元

	智能手机	IoT生活消费产品	互联网服务	其他	合计
2022年	152248415	68296397	7974356	3947658	232466826
比例	65.49%	29.38%	3.43%	1.70%	100%
2021年	184007856	73888603	7316598	4835147	270048204
比例	68.14%	27.36%	2.71%	1.79%	100%

（3）毛利。智能手机虽然是小米科技收入的最大贡献者，却不是利润的最大贡献者。互联网服务在2022年跃升为小米科技最大的利润贡献者，其次是智能手机，最后是IoT生活消费产品。2022年，小米科技的互联网服务以3.43%的成本带来了10.11%的收入，贡献了42.77%的利润。IoT生活消费产品的毛利也增长了5个百分点，智能手机的毛利却下降了11个百分点，见表8-5。

表8-5　小米科技2021年、2022年毛利数据

单位：千元

	智能手机	IoT生活消费产品	互联网服务	其他	合计
2022年	14968762	11498480	20347088	762860	47577190
比例	31.46%	24.17%	42.77%	1.60%	100%
2021年	24861088	11091494	20895141	1413218	58260941
比例	42.67%	19.04%	35.86%	2.43%	100%

（4）毛利率。在2022年，智能手机的毛利率下降到不足10%，是小米科技最不赚钱的业务；互联网服务成为小米科技最赚钱的业务，毛利率高达70%以上。相关数据见表8-6。

表8-6　小米科技2021年、2022年毛利率数据

	智能手机	IoT生活消费产品	互联网服务	其他
2022年	8.95%	14.41%	71.84%	16.19%
2021年	11.90%	13.05%	74.07%	22.62%

小米科技这样的收入-成本-毛利格局说明了以下几点：

第一，小米科技的智能手机业务是不赚钱的，但其品牌推介能力是无可替代的。

第二，小米科技的IoT生活消费产品的成本管控越来越成熟，且有效地利用了智能手机带来的消费者对品牌的认可度。

第三，互联网服务是小米科技未来利润的可持续增长点，也是小米科技商业模式的重心。

小米科技的商业模式决定了其对资金的大量需求。智能手机的创新迭代速度非常快，其研发投入和产品设计支出占据了公司大量的成本支出，而小米科技的智能手机又是毛利率最低的业务板块，公司之所以投入大量的资本用于智能手机的生产，就是为互联网服务以及IoT生活消费产品提供生存和成长的土壤。小米科技在IPO之前经过6轮融资，获得了16亿美元，创始人雷军及其团队的持股比例下降到44.73%。一边是IPO在即，创始人的股权将进一步被稀释，另一边是公司的商业模式决定了其存在大量的资金需求，双重股权结构无疑是小米科技最佳的控制权设计选择。

事实证明，采用双重股权结构成功上市后，小米科技的研发投入呈爆发式增长，其技术研发已横跨包括"大智移云"（大数据、智能化、移动物联网技术、云计算）、无人工厂和智能电动汽车等12个领域，专利和研发人员数量较上市前翻一番。双重股权结构使得小米科技的控制权稳定，发展资金充足。雷军的团队能够不断带领小米科技持续开拓，引领中国智能制造产品和互联网服务走向世界。

8.2 权衡利益分配

公司控制权设计方案非常考验设计人的智慧。在防范控制权转移风险、保护创始人利益的基础之上，设计人还要满足投资人的利益诉求，同时还不能置公司其他利益相关者的利益于不顾，否则控制权设计方案就会遭到抵制。

京东、阿里巴巴、小米科技这样的知名企业能够快速成长为行业内的龙头，与它们的控制权设计人对利益的权衡和恰当分配是分不开的。在公司引入外部投资人时，创始人与投资人的谈判应该是基于价值创造和价值共享的，创始人不能为了引入资本而不计代价，尤其是控制权代价。京东在每次引入投资时都会对投资人进行反向尽职调查，看投资人在其过去的投资中有无争夺控制权的记录，如果有，则绝不接触。所以，京东的外部投资者都是财务投资者。而京东也会以骄人的业绩回馈给财务投资者，使财务投资者实现价值诉求，满载而归，最终双方各取所需，再见亦是朋友。京东IPO前融资情况见表8-7。

表8-7　京东IPO前融资情况

年份	2006年	2008年	2010年	2011年	2012年	2013年
投资人	今日资本	今日资本、雄牛资本、梁伯韬	老虎环球基金	老虎环球基金、红杉资本等	高瓴资本、加拿大安大略教师退休基金、老虎环球基金	王国控股集团、老虎环球基金
金额（亿美元）	0.1	0.21	1.5	9.61	3.15	4.32

　　市场中的敌意收购通常都会遭到抵制，原因就在于外来投资人的突然入侵打破了原有的控制权利益格局，例如广发证券面对中信证券收购时，员工的集体抵制就说明员工不相信中信证券能给广发证券带来更大的发展和利益空间，却有可能变更管理层甚至最终注销广发证券独立的法人资格，使其变为中信证券的一个分部。

　　"宝万之争"则从反面说明了这一点。当宝能系发起敌意收购时，万科的中小股东没有维护现有实际控制人——万科管理层的控制权，而是选择向宝能系出售股份。原因是万科的股权分散且股价长期低迷，严重偏离万科的真实价值，中小投资者的利益诉求长期得不到满足。虽然万科的股利分配丰厚且稳定，但这似乎对限制出售或不准备出售股份的实际控制人和大股东更有利，对中小股东的吸引力并不大。万科在与宝能系的控制权争夺中也没有维护大股东的利益。华润集团在"宝万之争"前对万科管理层是充分信任和放权的。作为战略投资者，华润集团是保证万科经营平稳、筹资便利、业绩耀眼的功臣。而在"宝万之争"中，华润集团却是最大的输家，不但失去了万科大股东的地位，还被万科管理层抛弃。反过来思考，是不是正是因为万科的管理层作为实际控制人长期忽视其他利益相关者，没有做好利益权衡才导致"宝万之争"发生呢？宝能系撕开的万科控制权的第一条裂口不正是万科自己暴露出来的吗？控制权争夺的起点和尽头都是利益。"宝万之争"前后万科股权结构对比如图8-5所示。

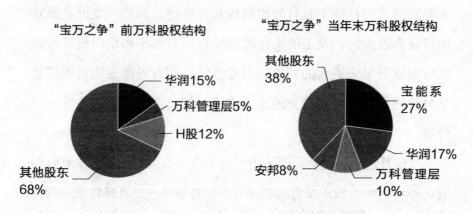

图8-5 "宝万之争"前后万科股权结构对比

大连圣亚旅游控股股份有限公司（以下简称大连圣亚）控制权争夺事件引发广泛关注，起因是大股东长期懒政缺位和公司章程有缺陷。大连圣亚成立于1993年，是一家经营水族馆、海洋乐园等业务的旅游服务公司，2002年上市。大连星海湾金融商务区投资管理股份有限公司（以下简称大连星海湾）自2008年起成为大连圣亚的控股股东，持股比例为24.03%。2019年，大连圣亚遭遇了来自机构投资者磐京基金和个人投资者杨子平联合发起的控制权争夺。磐京基金和杨子平不断在二级市场买入大连圣亚的股票，到2021年年末，磐京基金及其一致行动人的持股比例达到了19.42%，杨子平持股8.08%，分别位居第二、第三大股东的位置，两者的总持股比例为27.5%，已经超过第一大股东大连星海湾的持股比例。

自2018年起，大连圣亚频繁修改公司章程（见表8-8），为控制权争夺做铺垫。2018年1月，公司修改章程，降低董事会准入门槛，杨子平成功进入董事会成为公司董事；2018年4月，公司修改章程，股东提名董事的人数不受限制，杨子平可以同时提名多位董事，使得3个月内大连圣亚的董事会半数以上席位均由杨子平控制；2019年4月，公司修改章程，股东可以解雇任期未满的董事。2020年6月，杨子平成功罢免董事长王双宏和副董事长王德义，自己出任董事长。这一系列的公司章程修改是荒诞的，很明显是倾向于特定利益集团的。这些修改章程的做法是如何获得股东大会通过的，不为人知，但大股东大连星海湾绝对难辞其咎。

表8-8　大连圣亚公司章程修改前后对比

修改时间	修改前规定	修改后规定	结果
2018年	第八十四条 因董事会换届改选或其他原因需更换、增补董事时，公司董事会及连续180日以上单独或合并持有公司发行股份3%以上的股东，可提出董事候选人。 每届董事会任职期间，改选(包括免职、增补、更换等情形)的董事人数不得超过章程规定的董事会换届、改选董事(包括免职、增补、更换等情形)时，单独或合并持有公司发行股份3%以上至10%以下有提名权的股东只能提名一名董事候选人；单独或合并持有公司发行股份10%以上有提名权的股东提名的董事候选人不得超过董事会人数的五分之一	第八十四条 因董事会换届改选或其他原因需更换、增补董事时，公司董事会及单独或合并持有公司发行股份3%以上的股东，可提出非独立董事候选人，但单个提名人所提名的非独立董事候选人的人数不得多于该次拟选非独立董事的人数；公司董事会、监事会、单独或者合并持有公司已发行股份1%以上的股东可以提出独立董事候选人，但单个提名人所提名独立董事候选人的人数不得多于该次拟选独立董事的人数	（1）降低提名董事的持股时间门槛； （2）提高董事单次提名人数

（续表）

修改 时间	修改前规定	修改后规定	结果
2019年	第九十九条第一款董事由股东大会选举或更换，任期3年。董事任期届满，可连选连任。董事在任期届满以前，股东大会不能无故解除其职务	第九十九条第一款董事由股东大会选举或更换，并可在任期届满前由股东大会解除其职务。董事任期3年，任期届满可连选连任	降低解雇在任董事的难度

公司章程修改的直接受益者是杨子平，而其背后的一致行动人就是磐京基金。在掌握了董事会话语权后，杨子平开始罢免高管，包括已经在大连圣亚工作超过20年的总经理肖峰、董秘丁霞，引发多位核心高管辞职抗议。尔后，杨子平又联合磐京基金罢免包括监事长在内的3名大连圣亚监事会成员。在上述过程中，大股东大连星海湾提名的董事会成员均被否决，成为有名无实的"大股东"，如图8-6所示。

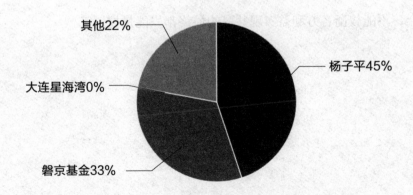

图8-6　大连圣亚2021年年末董事会席位情况

最终，大连圣亚以大股东在董事会没有席位，二股东和三股东联合掌控董事会，新旧管理层矛盾重重，企业经营业绩严重下滑，股价腰斩，员工被拖欠工资，管理层盈余管理被监管出具退市风险警示。动物不是被变卖虚增收入，就是得不到饲料、药品等必备物资。虽然控制权争夺前大连圣亚的经营业绩平平，但控制权争夺后，大连圣亚的经营业绩则呈现断崖式的衰败，其前途令人担忧。

大连圣亚的控制权争夺看似有赢家，其实各方利益相关者全是输家。如果没有这场控制权争夺，它也许会继续维持平平淡淡的经营业绩。而经历了这一场控制权争夺后，它可能会沦为杨子平和磐京基金的融资工具。没有做过旅游业的股东，也没有懂得旅游业经营的管理层，这家曾经带给无数人童年美好记忆的公司还能维持多久呢？

公司控制权争夺可以不计成本，但不能不计代价。成本能够核算得出来，但代价核算不出来。公司是利益相关者整体利益的集合，不能权衡各方利益实现共赢的最终都只能是搅局者。

8.3　动态调整

　　世界上永远不变的事情就是变化本身。公司控制权也一样，没有一成不变的公司控制权，因为利益相关者的利益诉求在变，控制权所有人自身的利益诉求也在变。有的公司创始人被迫放弃公司控制权，如俏江南的张兰、雷士照明的吴长江，但也有公司创始人主动放弃公司控制权功成身退。

　　曾有"炊具大王"之称的苏泊尔在创立之初是一家家族企业，由创始人苏增福及家族于1994年在浙江创立，最初的主营产品是压力锅。苏泊尔在创办的第二年市场占有率就达到40%，并于2004年上市。上市之初，苏氏家族掌握着苏泊尔的绝对控制权，苏泊尔集团持有苏泊尔股份有限公司（以下简称苏泊尔股份）45.48%的股权，苏增福个人持有苏泊尔股份19.22%的股权，其子女分别持有苏泊尔股份1.92%和1.38%的股权。苏增福是苏泊尔股份的实际控制人，其子苏显泽则担任苏泊尔股份的董事长兼总经理。图8-7为苏式家族对苏泊尔股份的持股比例变化情况。

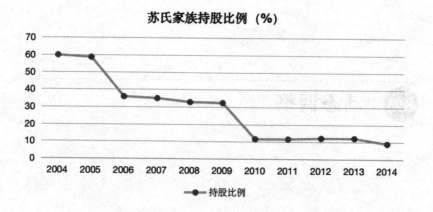

图8-7　苏氏家族对苏泊尔股份的持股比例变化情况

　　这样一家经营良好并成功上市的家族企业为什么会转移控制权呢？原因是多方面的。

　　首先，苏泊尔虽然盈利性好，股价却不涨。苏泊尔在上市首发当天就出现了破发，即上市当天即以跌破开盘价的股票价格收市，是我国资本市场中第一支首日以低于发行价收盘的股票，这不禁为苏泊尔的上市蒙上了一层阴影。后续苏泊尔的股价走势也不乐观，虽然经营业绩一直在上涨，但2006年股价却腰折，降到了发行价的一半，显示了市场对苏泊尔未来发展不确定性的担忧。

　　其次，苏泊尔融资约束严重。在上市之前，苏泊尔只能以债务融资的方式筹集资金，资产负债率远高于行业平均水平。在上市之后，苏泊尔虽然具备了股权融资的渠道，但其股价却长期低迷，债务仍然是其主要的融资渠道。2006—2007年，我国经济发展过热，政府实行紧缩性货币政策，这使得苏泊尔的债务融资成本过高。苏泊尔陷入两难的境地：一方面是业绩不断上涨，公司急需扩张现有规模；另一方面是得不到发展所需的资金，融资约束严重。

再次，家族企业传承压力。家族企业在创一代到了退休年龄时都会面临如何传承的问题，通常有两种传承方式：一种是在家族中培养二代传承人，即子承父业，但二代继承者的继承意愿往往并不强烈，容易出现经营不善甚至违规的情况，比如海翔药业创始人家族就在二代继承者罗煜竑继承后4年内败光40年积累的家业；另一种是引入职业经理人，创始人家族保留公司控制权，利用外部人力资本为创始人家族创造价值，比如美的在创一代何享健退休时引入非家族成员作为董事长，仅保留一位家族成员担任公司董事。苏增福最初选择的也是子承父业的方式，由其子苏显泽接替他担任公司董事长兼总经理。也许是苏显泽上任后感到对公司经营力不从心，也许是家族资源无法使苏泊尔产生更大的市值增长空间，苏氏家族最终选择了转让公司控制权，退出家族经营模式。

最后，技术创新突破难。苏泊尔所在的小家电行业竞争十分激烈，且产品更新速度非常快，消费者对产品个性化、实用化、高性价比的需求使得苏泊尔感受到了巨大的压力。在资金受限的情况下，不仅公司规模难以扩张，技术创新也受到严重制约。没有规模效应带来的成本领先以及技术创新带来的差异化竞争优势，苏泊尔的发展难以为继。

在这样的关头，法国小家电龙头企业SEB向苏泊尔抛来橄榄枝，要求收购苏泊尔。苏氏家族动心了：与其在困难中经营，最终可能走向覆灭，不如在公司经营尚好、价值尚存的时候高价转让股权，这样做，既能给家族成员带来丰厚的股权转让收益，也能给公司找一个好东家。于是，2007年，SEB向苏泊尔定向增发，通过要约方式收购苏氏家族成员手中持有的苏泊尔股权，到当年年末，SEB累计持有苏泊尔股份52.74%的股权，成为苏泊尔股份第一大股东，而苏泊尔集团持有苏泊尔股份24.59%的股份，苏增福父子位列第三、第四大股东，苏氏家族放弃了苏泊尔股份的实际控制权。

苏氏家族放弃苏泊尔控制权可谓实现了多赢，苏氏家族获得了不菲的控制权转让收益，苏泊尔股份获得了更大的国际化发展空间，苏泊尔品牌也在小家电中高端市场中站稳了脚跟，市场价值和产品技术水平都得到了有效提升，股权激励计划也使得高级管理人员和核心员工获得了价值回报。

　　公司控制权设计这个问题将会伴随公司形式的不断变化而持续存在。我们慨叹巧妙的公司控制权设计方案为公司的发展壮大添砖加瓦时，也会为失败的公司控制权设计导致的不良后果扼腕叹息。重视公司控制权设计不是以个人的喜好为前提，也不是以利益攫取为目的，而应当将公司控制权带来的利益分配作为出发点和归宿，用战略的眼光看待事物的发展，用好、用对公司控制权设计方案。公司控制权争夺不是靠蛮力，也不应当以毁损公司价值或透支公司未来收益为代价，而要通过公司控制权设计造就优质公司，真正为打造中国品牌保驾护航才是公司控制权设计的终极目标。